後藤新平

国《こく》難《なん》来《きたる》

鈴木一策＝編・解説

藤原書店

はじめに

本書に収められた『国難来《こくなんきたる》』は、一九二三年九月一日に首都東京、横浜を襲った関東大震災から半年後の一九二四年三月五日、東北帝国大学に招かれて学生たちに講演したものに、後藤新平が手を入れ、翌月私家版の小冊子として出版したものである。

一九二三年九月早々、まだ組閣されていない第二次山本権兵衛内閣の内務大臣（副総理格）の要請を受理し、震災復興のために復興院を起ち上げ、総裁となって獅子奮迅の大活躍をするが、その年の暮れ、摂政宮（後の昭和天皇）暗殺未遂事件の責任をとって、山本内閣が総辞職し、後藤も内務大臣・復興院総裁を辞職することになった。

しかも、外に目をやると、日米関係は二四年四月、排日移民法がアメリカ議会を通過し、日米関係にも重く暗雲が垂れ始めた頃である。まさに「内憂外患」の状況を呈していたのだ。

『国難来《こくなんきたる》』で、後藤新平は東北帝国大学の大学生に何を語ろうとしたのか。第一次世界大戦（当時は欧州戦争）に参戦した日本は、西欧列強が中華民国（以下、中国）から手を引いている隙に乗じて、一九一五年一月、強圧的な対華二十一カ条を押しつけ、戦争景気に浮かれていた。後藤は、その大隈重信内閣の無神経を厳しく批判した。後の政党内閣も、このアジア蔑視の基調を共有する。

ところが、対華二十一カ条の押しつけは、日本の予想をはるかに超えて、中国のみならず、アメリカにも、恐るべき排日運動、日本商品ボイコット運動を引き起こすに至った。国内では、戦争景気に酔いしれ、買収選挙による政党の腐敗・堕落が蔓延していた。終戦後、物価が暴騰、米騒動が全国規模で発生、労働争議も頻発していた。

このような内外の情勢とヴェルサイユ条約のドイツ人への過酷な戦後処理に、「第二次世界大戦」を直観したのが、後藤新平であった。後藤の先見性には驚くべきものがあった。

そこに、関東大震災が起こった。後藤の講演の枢要は、この大震災を「天の啓示」と謙虚に受け取り、従来の浮かれ奢った生活を改心し、帝都のみならず日本帝国全体を立て直すことにあった。ところが、政友会を典型とする「我党内閣」「不自然な多数党」は、政争・買収に明け暮れ、国政を「私物化」し続けた。

さらに、この頃ロシアに革命が起こり、革命を晴天の霹靂《へきれき》と受け取った一部左翼を別として、日本国内には「赤化」を恐れる反ロシア感情が高まり、中国への蔑視とないまぜになった排外主義が横行し始める。

しかし、当時この状況を「国難」として深刻に受けとめる人が少なかった。党派に囚われ、打算に囚われ、情実にからめとられている人には、ことに国政を「私物化」している政党には、「国難」として感じ取られなかったのは当然至極である。

では、どうすれば「国難」を感じ取り、立ち向かうことができるか。後藤は、党派を超えた「大調査機関」が不可欠だとの構想をぶちあげた。「大調査機関」構想とは、徹底的に現場主義的な調査に基づいた「東西文化交流」の実践である。例えば、労農ロシアの極東全権のヨッフェを「私的」に招いて、対露外交のあり方を国民の前に展開した。

そのような後藤の大胆な外交を眼にすると、国民は、アメリカの排日移民法に鈍感であり、中国を蔑視し、ロシアを敵視している日本政府の時代錯誤を実感するだろう。このような「我党内閣」に国を任せておくことこそ、「国難」であるとわかるであろう。『国難来《こくなんきたる》』の出版は、国民にこういう認識を促し、「自治」の精神を育もうとすることであった。

二十一世紀初頭を生きるわれわれは、百年前に後藤が描き出した「国難」と同様な状況の中に置かれているのではないか。わが国は、歴史上未曾有の大量殺戮兵器の原子爆弾を、一九四五年八月、アメリカによって広島、長崎に投下され敗戦国となった。連合国の占領の後、サンフランシスコ講和会議で日米安保条約が締結された。これによって日本国内の基地化が法で定められた。いわゆる「地位協定」と呼ばれるものである。現在、その基地は、沖縄に集中され、沖縄の人びとの犠牲の下で日米関係は存続している。その後「核の平和利用」という美名の下に、日本中至る所に原発が作られた。二〇一一年三月十一日、東北三陸沖で未曾有の大地震と津波が発生し、福島の原発が壊滅する大惨劇が生じた。その事故は今もって「アンダー・コントロール」とされず今日に至っている。今後の見通しはいまだ立たずという状況である。

今こそ、読者はこの『国難来《こくなんきたる》』を熟読玩味し、百年前の「内憂外患こもごも到る」大国難を認識し、新しい時代を切り拓く視点を学んでいただければ幸いである。

二〇一九年八月

後藤新平研究会
鈴木一策

国《こく》難《なん》来《きたる》

目次

普選に備えよ

カバー
表紙　装画　岡本一平

国《こく》難《なん》来《きたる》

凡　例

一　原本の表記は、その引用文も含めて、現代仮名使い、常用漢字体に改めた。ただし、古い漢語表現を温存するのが適当な場合には割注で語釈を添えた。

一　原本にはないルビを必要に応じ補った。

一　難解な引用資料は、現代語化し、翻案的訳文とした。

一　小見出しは、原本にない場合、すべて編集部の補足とした。

一　原本の強調部分はそのまま生かしたが、その他の強調は編集部の補足とした。

一　今日では適切でない表現でも、時代の制約を映しているものとして原本のままとした。

一　「普選に備えよ」の末尾の一部に省略がある。その部分は、明治天皇の、あるいは明治天皇のものとして流布していた言葉であるが、「国難来」に引用されている言葉と重複しているものもあるので省略した。

国《こく》難《なん》来《きたる》

後藤新平

＊本論考は、後藤新平が一九二四年三月五日に東北帝国大学でなされた講演要旨で、翌四月二十日に内観社より非売品として発行されたものである。（編集部注）

前文

私が先に時局に対する率直な意見『政治の倫理化を提唱して全国の青年諸君に告ぐ』を発表するや、その言辞があまりに露骨ではないか、もう少し言葉に衣《きぬ》をかぶせてはどうか、と私のために憂えてくれる人が少なくない。私はそれらの友人の親切な心づかいに心から感謝する。私といえども、因縁・情実・利害が相い交錯して、直言耳に逆らうこの時代には、言いたいことも言わずに沈黙しておる方が、より利巧［素早くてたくみ］な処世術であることを知らないわけではない。しかも、幸か不幸か、私の胸の底には、「かくすればかくなるものと知りながら、やむにやまれぬ大和魂」の意気がなお存しておる。

私は、因縁・情実・利害の縄で十重《とえ》二十重《はたえ》に縛られている今日の人々が何と思おうとも、政府ないし政党・政派を超越した見地から、国家の憂うべき現状を赤裸々に述べて、純真な青年諸君に訴え、その囚われない判断を乞おうとすることは、明日の国家と国民の命運に対する私の義務であると信ずる。すなわち、過日、東北帝国大学の学生諸君の求めに応じて試みた講演の要旨を抄録して、真理探究の忠実なる使徒である青年・学生諸君の厳正なる批評を仰ぎたいと思う。もし、諸君が私の列挙した国難の諸相に対し、一顧の労を惜しまれなければ幸いである。

一　内憂外患こもごも到る

政党員は党派にとらわれ、実業家は打算にとらわれ、ある者は利害の執着に迷い、ある者は愛憎の感情に駆られて、世を挙げてその風潮はすさまじく、ほとんど天真［天然のまま］の眼は眩《くら》み、至純の心は汚れて、総合的に事物の実相を大観し、批判する智慧の鏡を曇らせてしまった。そういう人々の耳には「国難来る」というような声は、おそらく狂人のたわごとと響くであろう。しかしながら、曇りなき鏡のような純真無垢の心を持っている青年諸君は、この内憂外患こもごも殺到する大国難の世相を、明白に認識されるであろう。少なくとももとらわれない心で私の言を聴き、私の憂いを問題として、国家の現在および将来に関し、公平無私な省察を払われることと信ずる。

いわゆる国難とは、決して元〔蒙古軍〕の大軍が〔福岡の〕多々良《たたら》浜のあたりに押し寄せたり、ペリーの黒船が浦賀湾頭に現れたような、目ざましい他国の侵略のみを言うのではない。こういう種類の外難は、国民の惰眠をさます一大警鐘で、挙国緊張し、直ちに備える大決心を促すに違いないから、更生〔過去を精算し生活態度を改める〕の途もおのずから備わるが、平和の仮面をかぶって、ぢりぢり寄せ来る外患や、制度組織の美装にかくれ人情の弱点につけ込んで、徐々に国民の肉心をむしばむ内憂は、人これに気づかないが故に備えず。あるいは気づいていながら、その現実を直視する勇気なきが故に、逆に自己の心をあざむき、一時しのぎの安易な瞬間の快楽に酔い、ついに国家と国民を破滅の底に陥れる。

真に恐るべきは、目に見える敵国・外患ではない。**国難を国難として気づかず、漫然と太平楽を歌っている国民的神経衰弱こそ、もっとも恐るべき国難である。**例えば、今回の関東大震災は、疑いもなく国家の大難であるが、もし国民の大多数が、この大国難を通して**厳粛なる天の啓示**だと受け取り、劫火の洗礼によって、ただれた心身を鍛え直すならば、この国難はただちに国家復興の機縁となり、いわゆるわざわい転じて福となすという大光明を発現させ、あの大犠牲に匹敵するご利益をうけることができたのである。天は決してただ奪うものではない。一方で奪えば、必ず他方では与える。しかも、この天の与えてくださるものを受けない者にこそ、わざわいがあるのである。

しかも、この天啓を知るには、その人の心が純真でなければならぬ。純真な心の持ち主は、すなわち造物主の直参《じきさん》〔主君に直接仕える臣下〕である。言い換えれば、このような造物主の〔神気に感応する〕直参でなければ、天の啓示を感知することはできない。もしその心が我執・我見にとらわれていれば、その地位がいかに高くとも、その経験がいかに豊かでも、その学問がいかに広くとも、そういう人は、結局は造物主の陪臣《ばいしん》〔家来の家来〕で、天の啓示の扉を開く資格はない。私は、現在、わが国を指導し、わが国を背負いつつある学者・政治家・実業家などを尊敬する点において、人後に落ちるものでないことに自信がある。しかしながら、共に天啓を畏れ、共に国難を憂うる「わが友」はむしろ、地位・経歴・学問などにおいて、とうていその足もとにも及ばない青年諸君であると断言する。なぜなら、造物主の前においては、かれらは陪臣、こちらの諸君は直参であるからだ。この国難を救うものは、百の学問、千の経験よりも、一つの純真にあると信じるからである。

くりかえして言うが、国難とは決して外寇のみを意味する言葉ではない。およそ国家の生存と国民の生活に不安の陰影を投ずる内外一切の事象は、ことごとくこれ国難である。そういう意味においては、わが国は今や、政治的にも、経済的にも、社会的にも、精神的にも、国際的にも、真に国難重畳《ちょうじょう》のうちにある。私は、ここに、中でも最も重要な国難の二、三を挙げて、深く青年諸君の考慮をわずらわしたいと思う。

二　現代的会議病と国難

それに先立って、単にわが国の国難のみとは限らず、世界各国を通じて国難の根本原因とも認めるべき一事——私が**現代的会議病と称する**〔強調は原文〕——について少解を試みる必要がある。現代の国際政局、ないしは国内の生活において、人々が平和と公正の法則を発見する最善の機関として信頼するものは、国際的・国内的な各種の会議であると思われる。だが、これらの会議で決議されるものは、必ずしも平和と公正の法則に従ったものとは限らない。世界平和の理想的標語を掲げて開催された幾多の国際会議が、その結果においては、当初の理想とあい隔たること遠く、甚だしきは、新しい戦争の原因となるような条約を成立させることも珍しくない。また、個人と個人との対話において、まったく了解しあい、必ず会議を通過するはずの公正な議案が、何の合理的理由もなく無残に葬り去られるような実例は、わが国の国会・県会・市町村会などの会議では、しばしば見られるのである。

こういう事態を一言で、群集心理の発露であると言ってしまえば、説明は甚だ簡単であるが、この会議病を詳細に診断することは、人類の幸福を探求する道程の一つなのであるから、もう少し突っ込んで考えてみなければならぬ。かの国際会議の標語が国際平和の理想を強調したのは、そもそも会議の最中に不純な意図が少しでも表れたならば、会議そのものが成立しないからであり、会議はもっぱら国際的良心に導かれて開催されるべきだからであったはずである。その他の会議でも、ある議案の可否に関して、個人と個人とが談じ合う場合は、おのずと各自の良心が対談の主要な指導者になるから、たとえ内に邪欲の念を蔵していても、さすがに道理ある議論に反対することはできないはずである。ところが、上程された会議の議題となると、それを討議する委員は、個人の資格を超えて、各自国家とか党派とかいうような公の美名にかこつけて、意識的にあるいは無意識的に、我執・邪欲の本性を無遠慮に発揮することになる。その結果、会議の決議がおうおうにして平和と公正の法則に反するものとなるのである。こうした会議病こそ、今日世界に共通する国際的不安の根源であり、特にわが国の国難はこの病気に負うところ甚だ多いのである。

三　第二次世界動乱の陰影

私は、〔欧州戦争の戦後処理のために一九一九年一月に開催された〕パリ講和会議に悪評を加えようというような不純な気分はまったくないけれども、率直に考えて、あの四百七十か条からなる「ベルサイユ」平和条約〔同年、六月〕なるものが、世界の平和を再建する権威ある合理的な決議であるとは、どうしても信ずることができぬ。あの条約調印の当時、まったくの門外漢としてロンドンにいた私は、その時すでに、この条約調印の日は、世界戦争の終りの日ではなく、むしろ第二次世界動乱の始めの日であると直感した。そこで、その第二次世界動乱の日には、わが国はおそらく第一次世界戦争当時のような傍観者的地位にいることはできないであろう、その第二次世界動乱の大波濤《はとう》はかならず東洋方面に倒れ来たって、ついにわが国の国難となるであろうと思ったのである。私はこのような私の憂いが、ただの杞憂《きゆう》として世間の冷評によって葬り去られることを念じながら、その後の世界的形勢の推移を注意していても、不幸にも当時の直感を取り消すにじゅうぶんな事実を知ることはなかった。それどころか、逆にますますこの憂いを深くしなければならないような情報があまりにも多いのを悲しんでいるのである。

そもそも、アメリカ大統領ウィルソン氏が、例の休戦十四か条に打ち明けた世界平和の大理想をひっさげて、大西洋の波に浮かんだ時、誰があの「ベルサイユ」条約、四百七十か条の成立に思い至ったであろうか。敵も味方もウイルソン氏を平和の天使、文明の救い主と仰いで、その大理想を謳歌し喝采したではないか。私は、あくまで氏の高潔な心事を信じて疑わないけれども、会議の結果はあまりにも氏の大理想とかけ離ている事実を認めないわけにはいかぬ。ロイド・ジョージ［イングランドの代表］氏、クレマンソー［ドイツに対し多額の賠償支払いを強硬に主張したフランスの代表］氏をはじめ、各国の全権が各自国の利害に固執した心事にも、それ相当の理由があることを、認めないわけではないが、その結果、世界平和再建の大使命を果たすべきパリ会議は、愛玩犬の狆《ちん》が番犬の小犬を産み落としたというよりは、鳩のような鳥が猛獣を産んだと評すしかない幻滅の悲劇に終わったのである。しかも、第二十世紀の新国際関係は、いやおうなしに、この悲劇を序幕とし、根底として、無限に展開されてゆく運命を負っているのである。

四　極東の形勢と日露修交

それればかりではない、パリ会議で設定された新しい国境は、自然の摂理に反するものがないとは言い切れない。先のベルサイユ条項に照らして見れば見るほど、世界の平和に絶大な不安を抱かせていることが分かる。ことに私は、この不安がアジアに向かって延び、ついにわが帝国の近隣に、〔第一次世界大戦の火種となった〕一大バルカン半島を描き出そうとする形勢があることを見届けて、心から憂慮に堪えないでいるのである。もっとも、私は決して、英米両国に、シナをバルカン化し、日本をトルコ〔オスマン帝国〕として、やがてはアジア大陸から日本を追い出そうとする悪意の計画があると思ってはいない。ただ、もしも自然の推移が、不幸にしてそういう事態をひきおこした場合、わが国は平気でいられるかどうか、こういう事態に備えるにはどうしたらよいかという点については、今からそうとうな覚悟がなければならない、と思っている。

私が、日露修交に尽力し、列国に先立って労農ロシアと提携しようとした真意は、ロシアと提携することが東洋の平和を確保し、ひいては世界の平和に貢献することになると確信したためであった。ところが、私の微力のため提携が実現できないでいる間に、英国が機先を制して〔一九二四年に〕労農ロシア承認の挙に出て、シナに対しても、さらに一歩を進めて篭絡しようとしており、絶好のチャンスを逃がしているばかりの有様なのである。

私は、英米両国と協調する外交方針がいけないと言っているのではない。パリ会議にも、ワシントン会議〔一九二一年の末から始まった最初の世界軍縮会議〕にも、予想したとおり〔わが国が〕列席して、国家・国民の命運の盛衰・興亡に関わる重要な決議のおつきあいをしたことを攻撃する気はない。ただ、国民としては、このように英米の外交に追従しているだけで東洋の平和はだいじょうぶなのか、帝国の地位はだいじょうぶなのか、という点を深く考慮しなければならないと思うのである。言うまでもなく、わが国は太平洋の中心の位置にあり、地理上、アメリカに対し、シナに対する関係は国家を安全に保つか危機に陥れるかの重大な関係であって、対岸の両国では、**日系人の排斥、日本製**

商品のボイコットが年々深刻化し、昨今では声はひそめながら実質的な排斥が進行するというぞっとするような情勢にある。

この状態をそのまま成り行きに任せたままでよいのであろうか。サハリン〔北樺太〕での日本軍の駐留を〔シベリア出兵を継続し続ける外務省は〕どうしまつをつけるつもりなのか〔この講演の翌年、大正一四年五月にようやく撤兵が完了した〕。労農ロシアを承認しないで、極東の平和を確保することは可能なのかどうか。こう数え挙げてくると、ペリーの黒船こそ見えないけれども、無形の外患は今や帝国の東西南北から殺到しつつあるのではないか。これぞまさしく国難来るではないか。

五　最大級の国難

国内にみなぎる国難に至っては、種類も多く、外患よりずっと深刻なわざわいをもたらすと思わざるをえない。中でも、**最大級の国難として挙げざるをえないのは、政治の腐敗・堕落である。**その罪悪は積もり積もって、奥深く隠された政界の秘密蔵でもさすがに隠しきれず、今ではもう世間に公然のものとして暴露され、誰もが見、誰もが指弾する厳然たる事実となった。

わが国の政治を今日のように言語道断の状態に堕落させたことについて、最も重大な責任を負うべきなのは、なんといっても政党である。特に、多数をいいことに政権を勝手気ままに私物化し、横暴をきわめてきた多数党〔原敬が率いてきた政友会〕が負わねばならぬ。過去数年にわたり、彼らは、多数の名において、中央・地方のあらゆる会議を私物化し、道理と科学を踏みにじって〔例えば、満鉄と連絡するにふさわしい広軌の鉄道に反対して、選挙地盤の鉄道を優先させたことなど〕、どれほど傍若無人にふるまってきたことか。天にも届かんとするような彼らの罪悪をいちいち暴きたててほじくりだせば、おそらく東京中の紙を使っても足りないほどになるであろう。その悪行は、天も人も共に怒ることとなって、ついに今日目にするような惨憺たる自滅の運命〔大正十年暮れに原敬が暗殺され、政友会が分裂するに至ったこと〕に至ったのだ。かつて、悪運に悪乗りしていた時は、天を畏れず、人をはばからず〔「天をも怨みず、人をも咎めず、下学して上達す」の対極〕、加茂川の水も、すごろくのサイコロも思いのままと〔驕る平家のように〕うそぶいて、因果の法則を嘲笑した人々も。今では天に逆らった報いがどんなものかを、少しぐらいは覚ったであろう。

六　護憲運動に対する厳正批判

どんなにうぬぼれの強い政党中心主義者でも、目下あおりたてようとしている憲政擁護の気勢があがっていないのを見て、笛吹けど国民躍らずとため息をつかざるをえないであろう。当時、「多数党横暴」とのごうごうたる非難をあびながら、そんなものは少数党の悲鳴でしかないと馬鹿にしていた連中も、今日「護憲運動」など政権争奪に失敗した連中の悲鳴にすぎないとする冷笑の報復にあって、肩身の狭い思いを甘受せざるをえなくなっている。

　私が、護憲運動に意義がないとするのは、決して現内閣［貴族院議員を中心とする非政党内閣の清浦奎吾内閣で、護憲派から「特権内閣」だと批判された］およびその御用党［旧政友会の床次《とこなみ》竹二郎ら清浦内閣支持派が、政友会を離脱して結成した政友本党のこと］に声援を送る意味で言っているのではない。こんな無意義な政争は結局国難を強めこそすれ、国難を決して救うものではないと信ずるからである。率直に言って、私はどんな既成政党・政派にも、まったく恩を受けたことも怨みを抱いたこともなく、愛憎もなく、えこひいきも一切ない。ただ青年諸君が、今の時局に対して厳正な批判を下されることが、国難救済の第一歩だと信ずるために、あえて以下の発言をし、諸君の公平な判断をお願いしたいと思うのみである。

私は、既成政党のどれがよいかを選択するどころか、どれもこれもだめだと徹底するしか、政治の堕落を救う道はないと思う。つまり、政治を今日のように堕落させた第一の責任者は、現に分裂して互いに毒素を転嫁しあっている不純な多数党〔旧政友会〕であっても、第二〔加藤高明率いる憲政会〕第三〔犬養毅率いる革新倶楽部〕もまた第二・第三の責任を当然負わなければならないということだ。しかしながら、既成政党所属の党員であっても、いったん過去の非をさとり、心機一転して善心に立ち戻れば、敬愛すべきわが友である。私は、昔の悪行をどこまでも排斥するような非難の仕方は、既成政党の人々から過ちを悔い善におもむく機会を奪う過酷な追及であって、政界の革新浄化のためには、そういう峻烈無慈悲な態度はむしろ避けたほうが良いと思う。

そもそも政党が政戦の旗印として「憲政擁護」を大声で叫ぶということじたい、自分たちの無力と信用のなさとを告白する自殺行為なのではないか。仮に清浦内閣の出現によって自分たちの〔政党内閣を基本とする〕憲法に立脚した政治が破壊されたとしよう（私は、憲政が一つ二つの内閣の盛衰によって破壊されるような安っぽいものではないと信じているが）、それでも、憲政破壊の責任は当然ながら、清浦内閣を出現させた者、ないしは既成政党に帰すべきなのである。表面しか見ない者は、罪は元老にある、貴族〔院の議員〕にあるとするかもしれないが、識者はそうではない。議会の絶対多数を抱えながら、過去の悪行の報いとして、元老から見放されたというより、むしろ国民に退けられて、この間まったく問題にならなかった政友会の罪をこそ、識者は問題にするであろう。さらにまた、憲政会を無視して、ついに清浦内閣のようなものを難産させるに至ったのは、まったく第二党〔政友会残留組〕の無力・人望のなさにもっぱら由来することを、識者は見逃さないであろう。

七　「我党内閣」は時代錯誤

このように言うならば、世間には、私のことを、政党を否認するばか者だと憤慨する人があるかもしれぬ。しかしながら、私は決して政党を否認する者ではない。それどころか、私は、立憲政治は結局政党によって完全に運用されるものと信じているのである。私が認める政党は、国政の根本政策を中心として、憂国の同志が血盟した公の団結としての政党だけである。現在のいわゆる政党は、どれもこれもみな、公の政党と認めることのできない分子〔成分〕を含み、売薬の能書きと変わらない主義・政綱と自称する空文句に多少のでこぼこはあっても、実体はいずれも私利・私欲を縦糸横糸として織り成された徒党である。極言すれば、**政党はすべて利権獲得株式会社である。**とっくに利権獲得を目的とする集団になっている。だからこそ、いったん政権を手に入れれば、早速に国家の金蔵から盗み、公有の山林をこっそり奪い取り、あらゆる罪悪的な利益の独占に溺れ浸りきって、少しも恥じないばかりでなく、わが会社の株主に、これこれの利益配当を与えると偉そうに言いふらし、全国に株主を募り、多くの株主を背景にもっと大掛かりな盗み略奪の輪を拡大して、止まるところを知らぬに至っているではないか。台湾・満洲・樺太、あるいは内地においても、そうした事例を容易に挙げることができると明言する人は少なくない。もっとも、このような党の弊害を刈取り除去すべきだと説く純潔な二・三の領袖《りょうしゅう》〔首脳部〕が存在していることを、私も知らないわけではない。

はたしてまさに、言葉は心の象徴《シンボル》である。彼らが日常の口癖としている「**我党内閣**」**という言葉は、国家を私有財産視する徒党の本領を、切実に見事に表現した名文句である。**想像するに、天には口がないのだから、党人の口を借りて既成政党の現実を天が暴露させたものであろうか。さもあればあれ、私はこういう標語に対してこそ、憲政擁護のハンマーを打ち下ろす必要があると思う。わが党が天下を取るのと、家康が天下を取るのと、どこに思想観念の違いがあるだろうか。家康は天下を取ってわが物とし、勝手に天下を処分した。三百年後の今日、「我党」は天下を取ってわが物とし、勝手に天下を処分したがっている。このことこそ実に、明治維新の際の政権奉還の大義を没却した時代錯誤の誤った想念ではなかろうか。

八　自ら責めて他を許せ

このような私利・私欲の徒党が、多数をいいことに神聖なる議会の名において、社会的正義を蹂躙し、科学の原則を無視して、財政経済の政策を玩弄《がんろう》する［もてあそび、なぶりものにする］あまり、その結果として、各種の社会的闘争を挑発することになり、国家経済は破産に危機的状態に瀕することになっているのだ。この鉱毒よりも恐ろしい政毒が速やかに洗除されないならば、この国と民の運命はどうなるか分かりきっているではないか。だからこそ、国民、特に純真な青年諸君が、このような大国難を招いた罪の一切を政党に押しつけ、今日の政毒にわれわれは無関係だ、われわれだけは清潔だと自認でもしようものなら、政毒の洗徐など実にいつまでたっても不可能だと言わなければならない。確かに、青年諸君および選挙権のない大多数の国民は、形式上は政治の門外漢で、功績も罪も無関係で直接の責任はないと言えばそうなのであり、責任逃れの口実はあるに違いないが、私は言いたい、青年諸君よ、そういう口実は捨ててしまえ、と。そういう逃げ口上が今の国家の病である、と。たとえ、自分はその事に直接は関与していなくとも、**一切の社会の悩み、国家の難儀は、すべて自分たちの怠慢、自分たちの不徳、自分たちの無力が堆積した罪であると、深く内省自責する気持ちになってください**とお願いしたい。この後藤にも責任があることは言うまでもない。

明治大帝は「億兆〔万民〕の中、一人といえども、その志しを得ざれば、朕《ちん》〔私〕の罪なり」とのたまわれた。また、「罪あらばわれを罪せよ、天津神《あまつかみ》〔天にまします神よ〕、民はわが身の生みし子なれば」とも詠じたもうた。

古来、聖人・賢人は、天災地変に対してさえ、自己の不徳を責めたのだ。われらは凡俗の徒であるとしても、わが父、わが兄、わが隣人の罪を分かちあって、自らを責めるくらいの、天を敬し人を愛する〔敬天愛人は西郷隆盛の標語」至情がなければ、造物主にたいしてまことに相済まぬ次第である。青年諸君、諸君は責任を他に転嫁して、政界の堕落を嘆き、社会の罪悪に腹を立てる無責任をやめよ。政治の改革も、社会の改造も、結局は、自己改造に行き着いて初めて真実の意義を帯びてくるのだ。既成政党と自分とを切り離して、既成政党の罪悪を責めるだけでは、決して政界の汚濁を洗浄することなどできっこない。諸君が、その罪を憎むとともに、その人を許し、悪い政党員よどうか善心に立ち還って善い政党員となりますようにと祈っても祈っても足りないくらい、自ら務め自ら責める気持ちになった時、初めてわが政界は堕落の淵《ふち》［どん底］から救い出されるのである。

こうした覚悟こそが、「我党内閣」という毒にまみれた文字、罪悪の文字を葬り去る葬儀を執り行う覚悟であり、その覚悟こそ解毒剤であり、政界の大清潔法となるのである。既成政党に居直る連中がこの「我党内閣」という用語を使うことを恥だとするようになった時こそ、いやいや、連中がこの用語を発しても国民が聞く耳を持たなくなった時こそ、いくらか憲政擁護も意味を持つようになるであろう。時代は変わったのだ。見せかけの護憲景気で青年を煽ろうとしている悲鳴先生がたが、自覚した青年連中から、あべこべに、もういいかげんに「我党内閣」の誤りを悟ってはどうですかと忠告される時が来るのも、それほど遠いことではないだろう。

九　買収選挙と自治教育

貴族院議員中心の清浦内閣を「特権内閣」だから打倒せよと叫ぶ護憲論者の言い方をあえて借用させていただけば、全国三百万の有権者を基礎とする政党内閣は、普通選挙を即刻実現させようとする論者が目標としている一千数百万の無権者に対しては、それこそ特権内閣ではないか。貴族内閣は言うまでもなく特権内閣ではあるが、いわゆる「我党内閣」もまた、大多数の国民から遊離した一種の特権内閣であることを知っておかなければならない。特権内閣を打破せよというなら、単に「貴族内閣」の打破にとどまらず、一歩を更に進めて、どうしても「我党内閣」打破にまで徹底しなければ意味がないことになろう。私は、この際、全国の有権者が「我党内閣」の迷夢からさめて、各自、政界堕落の元凶は自分なのであったと心から懺悔《ざんげ》し、厳しく自己を戒めて、来るべき総選挙に臨み、国政に奉仕する信念によって、過去の罪を償う大決心を固められることを切望する。

あらためて言うまでもなく、過去の選挙は、全国いたるところ、ほとんど買収選挙でないものはないといった状況であった。上流が濁れば下流も濁るとしたもの。不正なる選挙は私党を増長させ、私党の増長は**会議病**を増幅させて、百害がもたらされた。不正選挙・私党の増長・会議病の増幅は、わが政治的国難を象徴する罪の曼荼羅《まんだら》である。国政・国策をどうしたらよいか討議の主題を掲げて堂々と意見をたたかわせ、国民の自由な判断を仰ぐ選挙の本質がまったく忘れ去られて、わが国の選挙は既にずっと前から、投票売買の競り市に、生命財産を投売りするマーケットに、良心を売買する公設市場に成り下がっていたのである。もはや選挙は市場である。だから、候補者と自称する投票の買い手は、政見の欠如を憂えることなく、買収金が豊富であることを誇り、売り手の選挙民も、候補者の人物低劣を気にせずに、金がつまった重いカバンを持ったお客を歓迎する。投票の卸し・小売・仲買の組織は言うまでもなく、現金取引、予約販売、約束手形交換の制度もまた至れり尽くせりに整備されていると、伝えられている。

私は、善意に解釈して、この買収選挙の歴史は、先ず有権者が投票を押し売りしたのではなく、当初は運動員が買出しに出かけたもので、さすがに売り手も買い手も、こういう買収が公認された商取引でないことだけは承知していた、と信じたい。もともと罪は双方にあるとしても、有権者の良心に曇りがなければ、たとえ黄金を山と積んで誘われても、金はあちらのもの、投票はこちらのもの、絶対に売らなくてよいのだから、売る方の罪こそ政界堕落の主犯としなければならない。ただし、私は、情の上では、買う方を憎み、売る方を憐れむものである。有権者の多くは選挙権の本当の意義を理解しておらず、投票を私有の有価証券のように見がちであるからである。もっとひどい場合、投票を売却することが当然の権利でもあるかのように誤解するに至っている。言うまでもなく、こうした誤解によって神聖な一票を悪用したことが原因になって、悪政・悪法という結果をすぐに招き、自己の生活が脅かされるのが輪廻の法則というものである。そうした輪廻の法則を知らないから、自治の何たるかが分からなくなるのだ。こういう人の行為に罪があるとすれば、自治の教育・訓練を怠ったわれわれお互いの罪なのであるが、有権者もまた決して罪を免れることはできない。言うまでもなく、自治教育は立憲政治の基本であって、国民の自治人として行動する訓練が行き届いていなければ、立憲政治の運用がうまくいかないのは当然である。そこで、私は日々自治教育の標語として以下の三項目を掲げている。

一　人のお世話にならぬよう（自主自治）

一　人のお世話をするように（社会奉仕）

一　而して［だからこそ］報いを求めぬよう（皇恩奉謝）

幸いにも、有権者がこの奉仕を心がけて選挙に臨めば、政治の争いはおのずと浄化され、政治はおのずから倫理化されるに相違ない。たとえ今度の選挙で一度に変えられなくとも、ついにはそこまでゆくことは明らかである。

十　選挙「権」か選挙「義務」か

私は、選挙権という言葉は日本的でないと思う。もともと権利と義務とは紙の表裏、楯の両面の関係で、一方を持ち上げも他方を抑えても、一利一害を避けえない。それでも、**西洋の個人主義文明**では、権利という一面を持ち上げ、権利がなければ義務はないとして、納税義務の代償として参政権を要求し、それが今日の立憲政治にまで発展してきたかのようにも見える。これに反し、**わが国の皇室を中心とする一大家族主義の文明**では、義務を全面に立て権利を後にしてきた。だから、同じ立憲政治といっても、あちらの憲法は闘争の血にまみれた簒奪の記録であるが、わが憲法は君民調和の歓びを永遠に確保する大《おお》御心《みこころ》［天皇の御心］の発露であって、一大倫理主義に出発している。選挙権という言葉は、西洋の憲法学上、正当な用語ではあろうけれども、わが国では、これを選挙義務と呼ぶほうがむしろ妥当なのではなかろうか。

明治大帝は、明治七（一八七四）年、五月二日、議員憲法頒布の詔勅において、以下の通り宣命なされた。

朕、践祚《せんそ》の［皇位を継承した］初、神明に誓いし旨意《しい》に基づき、漸次にこれを拡充し、全国人民の代議人を召集し、公議輿論をもって、律法を定め、上下《しょうか》協和、民情暢達［のびのびとしている］の路を開き、全国民をして、各その業に安んじ、もって国家の重きを担任すべきの義務あるを知らしめんことを期望す。

わが憲法が、**協和**と**義務**の誓いであることは、この御詔勅によって明らかであるが、さらに明治二二（一八八九）年、二月十一日の憲法発布の勅語には、……惟《おも》うに、我が祖、我が宗《そう》は、臣民祖先の協力補翼《ほよく》［補佐］により、我が帝国を肇造《ちょうぞう》し、もって無窮に垂れたり。これ我が神聖なる祖宗《そそう》の威徳と、ならびに臣民の忠実勇武にして、国を愛し公に殉《したが》い、もって光輝ある国史の成跡を胎したるなり。朕、我が臣民は、即ち祖宗の忠良なる臣民の子孫なるを回想し、その朕が意を奉体し、朕が事を奨順し、相共に和衷協同し、益々我が帝国の光栄を中外に宣揚し、祖宗の遺業の永久に鞏固《きょうこ》ならしむるの希望を同《おなじく》し、この負担を別つに堪うることを疑わざるなり。

と、宣《のたまわ》せられている。帝国憲法が、明らかに、皇室を中心とする大家族主義文明の所産であり、その参政権は、この文明を中外に宣揚する国民の重要な義務であることに、もはや少しも疑う余地はない。私が普通選挙の即時断行を主張する思想的根拠は、国民の多票に一票いくらの**投票売却権**を均分しようとするに等しい「権利」の平等を認めるのではなく、当面に逼迫《ひっぱく》する内外の国難を負担する「義務」をあまねくして、国民総動員の政治を実現したい、ということである。幸いに、国民が選挙を義務と考えるようになれば、買収選挙の悪風もおのずと改まり、政争も倫理化し、会議病も癒えて、科学を基礎とする合理的政治が行われることになるであろう。

十一　専門崇拝病と総合的常識

科学を基礎としない政治は、どうしても不合理に陥りやすく、無駄ばかり多く、能率が上がらない。ことわっておくが、私のいう科学とは、断じて、専門的知識という意味のものではない。その道の専門家が、それぞれの専門を分担する仕掛けを科学的と言ってのけているとしたら［真の科学ではないが］、わが国の政治はそれ以上にあまりにも科学的すぎると言わねばならない。外交のことは外交専門の役人が担当し、軍事は専門の軍人でなければ分からないとされ、財政はその道の専門家に任せなければならないように決まってしまっている。その他の官庁においても、実務に当たる者は全員その道の専門家で、その分野以外には役に立たないような片輪者《かたわもの》［今様の専門馬鹿］でなければ官庁では出世できない。こんな自分の専門外のことは知らないのがあたりまえで、知っているのは逆に自分の専門に忠実でないように考えられている。つまり、専門家が専門外のことを知らないという言い分は、専門のことなら何でも知っているぞと誇るのと同義語なのだ。

わが国の現状は、まるで難病の患者が、ありとあらゆる専門医に診てもらっても、どうにもはっきりした病名が分からない、したがってどう治療したらよいか見当がつかなくて迷っているようなものである。どこか一箇所をよくしようとしたら、あっちの筋も痛みだし、こっちの骨もうずくという有様で、早いうちにどうにかしなければ、ついには不治の難病になることが分かりきっていても、局部治療では効かないという具合、それが現状である。

手をつける以上は、全局にわたり、かなりの大治療をする覚悟がなければならないのだが、各局部の専門的知識をいくら機械的に寄せ集めてみても、有機体全体の構成組織は分からない。さらに言えば、解剖した死人の手足・胴体・五臓・六腑をどんなに正確に組み合わせてみても、どうしたって生きた人間にすることができないようなもので、**改造論**は盛んであり、改造の必要は認められていながら、どう改造すべきかについては、まだ外交・経済・社会・軍事などの国政の全局面にわたった**総合的な改造案**がどこにもないのが現状である。

そこで、私は、数年前、各部局の専門的知識を網羅し、これらを総合的に統一し、科学が指示することに基づき、国政改造の具体的方策を樹立する事が急務であると認め、具体案として**国家的大調査機関**設置の会議体〔後藤は、英国の「改造省」を参考にしていた。『正伝・後藤新平7』一七一頁参照〕を提唱してみたのだが、不幸にしてまだ採用されないままである。

実際、科学は「ドグマ［憶測による独断］」を許すものではない。コペルニクスを獄に投じたローマ法王の教権であっても、彼が指摘した地動の事実は少しも止めることができなかった。政治が科学化すれば、いかに多数の名をもってであっても、道理に反するごり押しはできなくなる。そうであれば、ここで私が言っている政治の科学化とは、顕微鏡をのぞいたり、試験管内の反応だけを検査するような小手先の専門学的お遊びを政治に適用することなどではないのだ。科学の使命は、一部と全部との関係を考慮し、**物心一如の大乗観を徹底し、あくまで**［天地の］**造化の**［神気に感応する］**直参として、天地を貫く真理を探究することなのである。**専門のための専門は、科学の外道《げどう》者になること、**造**

物主［天地］**の陪臣になることであり、足軽になることである。**

ところが、わが国の現状では、こうした外道者・陪臣・足軽でなければ重宝されない風潮が流行しているのである。政治の科学化も、この流行風《はやりかぜ》にさまたげられて、容易には実現しないのだ。**この専門崇拝病も、まちがいなく国難の一つに数えられる。**しかしながら、物事は極端になると通ずるのが道理だから、近頃は段々と総合の必要が実験上認められるようになってきた。総合大学制の主張は、分科大学制の弊害を矯正しようとする意味をすでに帯びていたのだろうか。そうであれば、面白い傾向である。言うまでもないが、健全な程度の専門崇拝ならばそれはそれでよろしい。

十二　国民思想動揺の由来

国民思想の動揺もまた、重大な国難の一つである。人の心は、一人一人顔つきが違っているように、言うまでもなく千差万別であって、とうてい一定の型にはめ込むことはできないが、国家が内部の秩序を失わずに、外部に国力を伸張するには、国民の思想・感情・利害がほぼ一定の方向に統一され、調和されていなければならない。国民の内部で、極右党と極左党とが互いに自説に固執して引き下がらず、利害関係からして結局は調和しえないような階級対立が顕著になっては、国家の安泰も、国民の幸福と利益も、とうてい望むことはできなくなる。古人［韓愈］は、「物平《たいらか》ならざれば鳴る［人心に不平があれば叫び出す］」

と言った。国民の思想が動揺するのは、現代社会の諸現象が、はなはだしく中庸を失ったからである。いわゆる中庸の「中」は、天下の正道のこと、「庸」は天下の定理のことである。だから中庸を失うということは、政治・社会・経済の組織制度があまりにも極端に偏《かたよ》って道理に反するようになった結果、国民の多数が、現在の組織や制度に疑いを抱き、なにか新しい道理にあった組織・制度を想像するようになることなのである。したがって、国民の思想を安定させるには、先ずこうした懐疑病のよってきたる原因を探求しなければならないのである。

私の診断では、**この懐疑病は、国民一般が、明治維新以来、頻繁に輸入された舶来文明の物質的荘厳に圧倒されて、わが国固有の文化の**

偉大さを忘れ去ってしまったことを原因としてもたらされた病である。

思うに、維新以後、洪水のように押し寄せてきた西洋文明は、わが国にとってはことごとくが驚異であって、半世紀にわたって、わが国はほとんど夢中になって西洋文明を学んだ。西洋文明の学び方があまりにも急激であったために、西洋とわが国との国情・歴史・環境の相違にさえ思い到らずに、ほとんど西洋文明を丸呑みにし、鵜呑みにする傾向が強かったのである。こういう鵜呑みは、わが祖先が儒教思想・仏教思想・老荘思想を消化し、同化してきた経緯と比べると、困った点が多いのだ。もっとも、この間、舶来文明の日本化がまったく考慮されなかったわけではない。あの**自治発布**〔明治二三年、地方自治権を確立した府県制・郡制公布のことか〕や**憲政実施**のように、外国を模範にしていることはもちろんであるが、深い道理に基づいて昔からあったわが文化を知れ渡るようにしようという先輩［ウイーンの国家学の権威シュタインと格闘した伊藤博文のことが念頭にあるだろう］の用意周到な苦心の痕跡を指摘することができる。

それでも、幸か不幸か、わが国は、多くの舶来文明を消化するのに最も大切な時期に、日清・日露の二大戦役に思い切って踏み込んだために、日本化しようとする内面的な文化運動を完成するいとまがなかったのだ。日露戦争以後には、戦勝に浮かれた反動的な自国讃美論が起こったけれども、戦《いくさ》に強いことを讃美しただけのことで、これといった深い文化的自信があってのことではないから、全国民を奮い立たせかつ緊張させるには至らず、外来の文明を日本化するという意識的施設はむしろだらけかかっていたのである。**そんな弛緩し日本化を怠った時代に、突然、欧州大戦**〔第一次世界大戦〕**の激動に出遭って、新奇な思想の生煮えをうまいうまいと頬張ったのである。**その結果、胃腸の調子が悪くなって、今や吐いたり下痢したりの大騒ぎを演じているのだが、こんな大騒ぎぐらいでは、わが民族の伝統的堅実性と純真な青年の特性を侵食し去ることは不可能なのである。

十三　外来思想とわが国民の消化力

この〔わが国の伝統を懐疑する〕懐疑病を癒す良薬は、「わが国体の精華」をよくよく吟味して、朝に夕に、服膺《ふくよう》〔心に留めて忘れない〕することである。前に言ったように、わが国体の精華は、皇室を中心とする一大家族主義である。つまり、わが社会生活は、個人主義に立脚する西洋の社会のように、法理［法律の原理］的関係のみに傾く基調に偏向することなく、三千年にわたって伝承されてきた家族的精神によって、倫理的に結ばれているのである。それなのに、浅はかで薄っぺらな横文字崇拝病の患者は、この厳粛な歴史的事実を無視して、無闇と舶来の書物にかぶれ、他人をもかぶれさせようとしている有様である。横文字崇拝病には思わぬ弱点があって、［あまりに日本人離れした狂態が］人々を赤化［共産主義化・社会主義化］を恐れる恐怖病に感染させているのである。

だからこそ、私は、青年諸君にこう言いたい。書物や新聞は、読むべきもので、それらに読まれてはいけない、と。

「思想に国境なし」とは、まだ楯の両面を見ていない文句である。

思想には厳然として国境があるのだ。たとえば、同じ仏教といっても、インドと日本とでは、大変な相違があって、今日、釈迦を極楽から呼び迎えて、わが国の仏教を批評させたなら、おそらく「こんなものはわが教えではない」と抗議するであろうほど、釈迦の教えは日本化されてきたのである。この日本化された仏教だからこそ、国中に広く宣伝できたのである。親鸞も日蓮も、仏教の日本化の運動から生まれたのである。この運動に当初有力な反対者もあったが、ついに仏教の日本化は勝利を得たのであった。また、同じ社会主義といっても、イングランド・フランス・ドイツ・ロシア等々、国が異なるに従い、その内容ないしはその表現に、国境的特色が濃厚に彩られているのである。

無闇に他国の思想や主義を謳歌《「誰はばかることなく歌い上げる」》したり、

恐怖したりすることは、自国独自の立場や歴史や文明の値うちを自覚しない夢遊病者か、自分の堅実性を信じることのできない懐疑病患者かであって、どちらも日本に立脚した足場［中心軸］を欠いているのである。世間には、口先ではわが国体の精華を誇り、わが国民性の優秀さを讃美しながら、内心では外来思想の感染力を恐れて怯えている者がよくある。こういう人物は、口で言うほど、内心では自国の優秀さを信じていない人である。例えば、昨年、日露修交の一助にもなるだろうと考えて、私が［労農ロシアの極東全権］ヨッフェ氏を日本に招いたところ、私のことを、赤化の張本人だと罵倒し、ロシアのスパイだ国賊だと叫んだ者があった。その多くは、敵は本能寺［ロシア社会主義］にありとする敵本主義的宣伝のダシに私を活用するようなもので、批評に値しないが、中には真剣に〔私のやっていることを〕赤化宣伝として、その危険を恐れた人もあったであろう。さらにまた、その労農ロシアを敵だとする宣伝が実は日本国民を侮辱するものであるとも気づかずに共鳴して、今になって後悔している人もあるであろう。しかしながら、わが国の国体の精華は、一ヨッフェ氏の渡来によって動揺するほど、薄弱で無根のものでは断じてないと私は確信している。それどころか、たとえ百のレーニン、千のトロッキーがやって来て赤化宣伝を盛んにやったとしても、わが国民は惑わされて国の基本を乱してしまうような軽薄人種ではないと私は信じる。

世間のあちこちで、私の主張は、脱線だ、左傾だ、非常に危険だとされている。世間は広いから、こんな具合に大真面目に心配する取り越し苦労の方もおられるかもしれない。しかし、私の主張が実現されないために国家に不幸をもたらした例はあるだろうが、私の主張が実施されたために、国と民との運命に不利をもたらしたことは断じてないと、私は確信している。先年、台湾領有の際、私がアヘン制度を建議[*]した時、国民全体が私に反対するようにしようとした大学教授連や政治家たちもいたが、伊藤博文公がきっぱりと私の意見を受け入れられたために、現に世界に誇るべき一大成功を挙げつつある。今日、当時の反対論を再び持ち出す勇気ある愚か者が一人もいない以上、現在私を左傾視し、危険視することは、労農ロシアを本能寺として敵視する排外主義者の単なるやっかみでしかないことが、ほどなく自然に分かってくるであろう。およそ世を救う大見識を胸に抱いて世に問おうとするほどの者であれば、親鸞や日蓮のように、最近では開国論の政治家［例えば横井小楠や勝海舟］のように、先のケチな排外主義のような群れなす猜疑などものともせず、己の目的に突き進んだ不屈の大精神に学んだ者でなければならないのだ。

＊　一八九五（明治二八）年、アヘンを吸う者が数十万人もいた当時の台湾を領有した日本は、アヘン厳禁論が支配的であったが、厳禁策を実行すれば全島に動乱が起こることは確実であった。衛生局長の後藤は「台湾阿片制度に関する意見」を提出、台湾総督府がアヘンを専売し、中毒者には一定の方式で売り与え、中毒でない者には厳禁するというアヘン漸禁策を主張し、専売制によって台湾財政を潤すべきだと訴えた。当時、首相で台湾事務局総裁でもあった伊藤博文が後藤の主張を受け入れ、翌年一月に「阿片令」が制定され、台湾民政局長となった後藤は、国際的に評価されるような実績を挙げた。

十四　自信ある国民は赤化を恐れず

わが国民は、外来思想に対して、既に幾度もワクチン注射を行なった結果、どのような過激思想にも結局は感染しない免疫性を備えていることが、確かに歴史上証明されている。仏教が渡来してくれば受け入れ、儒教がやってくれば受け入れるのに少しも躊躇しなかったけれども、そのために自分を捨てたり自分を駄目にしたりするようなことは決してなかった。仏教は受容しても、俗世間を超越して個人的な悟りのためにしか修行しない小乗仏教と縁を切り、自分と他人との円満な関係を目指し、即身成仏［現世の肉体のままで仏になる］を理想とする大乗仏教に身を寄せたではないか。儒教は受容しても、易姓革命の［徳を失った君主は殺害してよいとする〕過激な思想を撥ね返して、忠孝〔君主に忠義を尽くし、親に孝行すること〕仁義〔生類に慈愛を注ぎ、正義を重んずる〕という穏健な実践倫理を言葉通り実行してきたではないか。

言うまでもなく、これらの外来思想を消化しきってわが国独自の文明とするまでには、相当な年月を費やしたこと、過渡期ではいささか消化不良の徴候があったことは認めるものの、全体として見れば、わが国民の自国意識は、外来思想に征服されるほど微弱なものでは決してないことは、光栄ある国史が証明する事実なのである。

国民の思想を安定させるには、先ず自分自身が自国文明の真価について、くじけることのない確信を抱くことが必要である。自分にこの確信さえあれば、この歴史と国民性を信頼して、赤化などどうということはないと、知らんぷりをしていることになるのではないか。自分の胸の内に、いわゆる赤色思想以上の合理的な政策と哲理的な［奥深い道理に基づこうとする］信仰もないくせに、暴力［軍事力やテロ］さえ使えば赤化防止ができるなど思っているとしたら、とんでもない見当違いである。

十五　「力」の政治より「奉仕」の政治へ

立憲政治の真髄は、政治家が国民を信じ、国民が政治家を信じて、心を合わせて協同することにある。為政者が国民を信用できず、国民を政治に参加させることは危険であると思って、赤い労農ロシアと国交を始めれば、多くの国民が赤化してすぐにも革命を起こすのではないかと疑うとしたら、立憲政治はその第一歩から早くも挫折したと言わねばならぬ。にもかかわらず、あの「我党内閣」と言ってはばかることなく国政を私物化する連中は、国民を信じて多数と共に国政を公議〔国民が是認する議論〕する気がないのだ。だから、国民もまた彼らの政治を信用せずに、他国の政治の合理的な点〔例えば、労農ロシアの計画経済〕をうらやましく思うことになる。これに乗じて赤化の誘惑が入りこむのである。

しかしながら、ここに、「政治は力なり」という誤解を斥け、「政治は奉仕なり」という信念に従ってふるまい、常に謙虚な心で政治を倫理化しようとする政治家、つまり、天下の道理に基づいた科学的政治を実施しようとする政治家があったとしよう。そうすれば、国民は必ずその政治家を信じて赤化の宣伝などには耳を貸さず、その政治家もまた国民を信じて赤化など恐れず、革命ロシアという政治試験所の試験管の反応から、安んじてわが文化の栄養素を発見することができるであろう。

そもそも、政治が、社会的欲求と歩調を合わせずに、常に数歩遅れて時代錯誤に陥り、悪政・暴政・失政等々が生じてしまうのは、政治にラボラトリー〔実験研究センター〕が無く、他の実験科学の試験所のように、政治上の反応を一つ一つ試験することができないからなのである。ところが、ここに労農ロシアという新国家は、大胆にも、国家総がかりで、共産主義の新政治の利害得失を実験できるような一大政治的試験場になっているのである。これこそまさに、六千五百億の巨額な資金を投じた**世界大戦の最大の収穫**であったのだ。近代社会主義の理想郷［ユートピア］とされている共産主義政治のこのような大規模な実験が、今後の文明に幾多の新しい分野を切り開くことに寄与するとを疑う者はいないであろう。このロシアの一大政治試験場に付属している試験所がドイツ革命である。*

＊　一九一八（大正七）年、一一月三日、キール軍港で水兵が反乱を起こし、労働者とデモを行い、九月にベルリンで労働者が蜂起し、社会民主党のエールベルトらが政権を掌握し、シャイデマンが共和制を宣言したことを、ドイツ革命という。ウィルヘルム二世は退位し、オランダに亡命した。翌年一月、スパルタクス派の暴動が起こるが、その暴動の首領のリープクネヒトとローザ・ルクセンブルクが惨殺された。
一九一九（大正八）年、六二歳の後藤は、二回目の欧州視察の旅で、ロンドンからニューヨークに向かう船で、九月六日食糧庁長官フーバーと会談する。

フーバーは、後に日米開戦の謀略をめぐらしたフランクリン・ルーズベルトの政敵となる人物で、当時は欧州各国の「救恤《じゅつ》［救って憐れむ］委員長」として活動しての帰路にあった。

この会談で、後藤は、娘婿・鶴見祐輔の巧みな通訳によって、ドイツ革命は行政能力に欠けることや、ロシア革命が変質しつつあること、過激な社会主義の浸透を防ぐ極東シベリアに注目すべきことを教わり、この会談を「近来の快事なり」（『正伝・後藤新平7』、一四七頁）と評している。このように、当時の日本国内のどの社会主義者よりも透徹した眼で、後藤はロシア革命・ドイツ革命を観察していたのだった。

わが帝国は、天が与えてくれた奥深い啓示に感謝して、これらの実験結果を自分の薬籠［薬箱］の中で自由に取捨選択するくらいの度量の広さと抱負とを持たなければならない。とっくの昔から、幾度か大胆に舶来文明を摂取して、その短所を捨て、長所を採用して、独自の文明を醸成した祖先を持つわれわれは、造物主が人類に公開したこの政治的大試験所を利用し、まっ先に、最大の教訓を獲得することに、どんな不安・危険もないではないか。この天が与えてくれたラボラトリーから国際的収穫を挙げる第一人者はいったい誰となろうか。いち早く労農ロシアを承認した英国にだけ第一人者を許すとしたら、日本国民は我慢できないことになろう。「世に真識者無きは、まことに偽士や凡庸流にとっては大幸である」と嘆かないわけにはいかない。

十六　国体の精華を確認せよ

私は、舶来思想を盲信する左傾の人に向かっては、思想には国境があると主張し、国境によって思想を遮断しようとする右傾に対しては思想には国境がないと主張している。だからこそ、私は両者に向かって、そろってわが国体の精華を明確に認識せよと言うのである。わが大家族主義の文明を追求して明らかにし、信［信頼］により愛に務める親愛主義の生活に目覚めよと言うのである。この私の主張こそ、大中至正［中庸を心がけ正しい道に至る大道］の真主義ではあるまいか。

最近の思想の動揺の源を辿ってゆけば、結局のところ、**自ら信じ自らに依拠する中心軸がなく**、懐疑し煩悶するあまり、右に左に傾いて中庸を失ったことが主要な原因であることが突き止められる。私は、わが国体の精華とわが民族の堅実性とをただただ信じているために、青年諸君の純真な愛国心を信頼しているために、国難は必ず救われることを確信し、少しも疑いを抱いていない。幸いにも、青年諸君のみならず、大人も老人も少年も、以上私が指摘したような、何種類もの国難の真相を直視し、わが家族主義文明の真価を自ら認識し、大和民族が世界に対して背負っている大使命を自覚し、みなそろって、一大倫理運動・一大義務奨励運動によって、精神作興「天地の神気に感応する精妙な魂を目覚めさせる」の実績をあげれば、国難は恐れるにたりないことになろう。禍《わざわい》を変じて福となす、春がやってきて凍れる大地に芽が生え、枯れ木に花が咲くように、帝国の前途は新生の大歓喜によって満たされるに違いない。

普選に備えよ

小序

◆国民の多年希望せし普通選挙は遂に議会を通過した。私が普通選挙の成立を喜ぶ所以《ゆえん》のものは、あらゆる方面において行詰れる現下の政情を打開して、これに新しき生命を与えて以て、合理的に第二維新を確立せしめんとする端緒を、之に求めんとするからである。

◆我憲政史上特筆すべき普選の議会通過に際し、新日本建設のため一途に驀進せんと努めらるる新政同盟同人有志より、私の所感を求められたるは、甚だその意を得たるところである。私もまた老躯《ろうく》に鞭《むち》ち、新日本建設のため、全国無数の純真なる青年諸君の驥尾《きび》に附して「すぐれた人の後ろについて」、その全力を傾倒せんとするものである。

◆私が新政同盟同人有志のため述べたる小言をここに印刷に附し、広く全国多数の青年諸君に頒ち清鑑に供したいと思う。若し全国多数の青年中一人たりとも多く、憲政の源淵たる自治宗の門に入り、その堂に進むものあらば、寧ろ望外の幸である。

普選議会通過の翌日

新平識す

普選ようやく成立

普通選挙は実現した。かなりの難産であったが、とにかく、世の中に産まれ出たのである。ただ私が恐れていることがある。それは、生まれ出た普選が一般国民の期待に反するため、痛く失望を感じ、逆に普選に対する各自の責任を自覚しないようになりはしないか、この憂いが事実になりはしないか、ということである。しかし、始めから、普選の完全を期すことは、各国の普選実行の歴史的実績を考慮すると、至難なことは分かりきっていたのである。

この普選を完全にし、国政の上に充分に活用しうるか否かは、ひとえに新有権者の責任にかかっている。特に注意すべきは、普通選挙の実現がわれわれの目的ではないことだ。普選によって、国民多数の意向を議会政治に反映し、君民〔君主と人民〕一致の政治を実現することこそが、われわれの最後の目的なのである。だから、普選が実現したといって有頂天になってはならない。それどころか、われわれの双肩に一層重い責任が負わせられたことを、真剣に考えなければならなくなったのだ。

『国難来《こくなんきたる》』を警告した

私は、昨年来、しばしば、わが国の各方面に彌漫《びまん》する〔広がっている〕国運の亡状〔破滅の情勢〕を露骨に指摘して、**『国難来《こくなんきたる》』を警告した**が、それらの内憂外患は、一つも解決されていない。政界には相変わらず党争心理が充満しているではないか。経済界の前途もまったくの暗黒で、円価は暴落し、物価は騰貴し、貿易不振の頽廃を挽回する適切な方策が一つとして断行されず、姑息な関税の改正や、時宜を解せぬ［頃合を見抜くことのない］緊縮整理や、名ばかりの農村救済論の喧騒の中、人為的慢性飢饉の情勢はますます濃厚の度合いを強めてきたではないか。社会の各方面には、生活の不安に駆り立てられて世を呪い人を憎む不平怨嗟［抑えきれない恨み］の声がやかましいではないか。

禍を転じて福となす大光明

眼《まなこ》を外に転ずれば、わが国の世界政策の鍵鑰《けんやく》［キーポイント］である対ロシア、対シナ［中華民国］の関係は今に至ってもなお定まらず、［わが国と深い関係のある〕満洲と朝鮮にあってさえわが国の地歩〔立場〕は日転月退の嘆〔どんどん退却を余儀なくされている逆境〕がある。そうであるにもかかわらず、太平洋を中心とする国際的経済文明の戦争はいよいよ露骨に深刻に展開してきているではないか。

幸いにも、わが国の政界多年の懸案であった普通選挙が成立し、国民が新しい希望を抱くに至ったことは、暗中に一筋の光明を発見したような感がするのである。一般国民が、ここに**禍《わざわい》を転じて福となす大光明**を認め、深く感激して、国政打開の大責任に当たる覚悟を自覚せんことを、私は首を長くして待ち望んでいるのである。実に〔まったく〕、普選が各国の政治史に一新時代を画したように、わが国の政治史も普選によって面目を一新するに相違ない。すなわち、年々邪道に迷いこんだわが国の立憲政治は、これを機会に正道に復帰するであろう。いやいや、互いに戒めあった立憲政治復興の大業を完成しなければならないのである。

ところが、なんということか、世間には、この重大な事態に対して、気を引き締めて感じ入ることなく、普選になったからといって政界には何の新味も加わったことにはならない、むしろ従来よりも多額の選挙費用を使って腐敗の範囲を広くするにすぎない、などとしたり顔で［してやったりと得意になって］冷評する者がままあるのだ。買収選挙によって従来から選挙民を腐敗堕落に導いてきたいわゆる選挙ずれのした玄人の観察がおおよそこうしたものなのである。しかしながら、こうした観察は、新有権者を甚だしく侮辱するだけでなく、それ以上に評者自身を侮辱する自嘲の言葉、自分を罵倒するに他ならない言葉ではないだろうか。

蓋《けだ》し［思うに］、現在多数の政党者の連中こそ、選挙があるたびに、選挙民を誘惑し、争って腐敗選挙の実行に骨折った事実はあっても、選挙民の自治的自覚を促し、公正な選挙の模範を示したことはちっともないではないか。果然［はたしてその通り］！　わが選挙界を今日のように腐敗させた元凶は君たち自身なのだ。私は、政党員が全員無自覚で、選挙民が現在の腐敗選挙に何の責任もないというのでは決してない。私が知っている政党首領の中にも、すでに従来の過ちを悟った者があり、焦慮している者が多数あることを認める。しかも、それらの覚醒した人々が端的に自分の所信を貫徹できない主な理由は、今の選挙民を相手に真面目な行き方をしても、支持する力はきわめて微弱で、結局敗者となるしかないという不安である。同時に、この不安は単なる取り越し苦労などではなく、これまでの選挙でしばしば実証されてきた根拠ある不安なのである。

有権者の自治的自覚

有権者の自治的自覚さえしっかりしていれば、無自覚な政党員をさえ、改めさせることができるのだ。それなのに、率先して改めようと志している純良分子をさえ援護し受け入れることができないようでは、これ以上の有権者の不名誉はないではないか。政党は空中の蜃気楼ではない。善くも悪しくも政党は、選挙という写真版に写された選挙民の写真であるから、政党が悪いと思ったら、政党を責めるよりも、もっと厳格に、そういう醜い写真の本体である自己を責めよ、と私が常に説いているのは、そのためなのである。

以上のような経緯であれば当然のことながら、普選実施後の新有権者に対しても、従来の選挙において試みられたのとほとんど同様の各種の誘惑が、手を変え品を変えて試みられるであろう。それらの誘惑を完全に撃退し、善にくみし、良を挙げて、立憲政治の美徳を成し遂げるためには、新有権者は、人類協同生活の根本基調を広汎に行きわたらせる自治の精神に関して、透徹した理解を持たなければならないのだ。

わが国では、自治という言葉は比較的新しい言葉で、オートノミー*

とかセルフガバメント**とかいう言葉を翻訳した舶来の思想［の言葉］であると理解し、自治行政の一局面に範囲を限定して考える人が多い。しかしながら、そうした理解は間違いであり、自治の精神は決して舶来の新思想に拠るものでもなければ、一行政の局面に専らに用いられるほどに狭苦しい観念でもないのである。その淵源は、深く生物固有の本能に根ざし、その作用は、人類社会の協同生活全般を支配するものなのである。

* 英語のオートノミー autonomy は、ギリシア語の「オート＝自己の」「ノモス＝規範・慣習・法」により、に由来する。

** 英語の selfgovernment は、「自己運営」「自己統治」という意味。

古人は、格物・致知・誠意・正心・修身・斉家・治国・平天下『大

学』と説いたが、われわれのいわゆる自治精神とは、要するに、この『大学』の**修身の工夫、修養、努力に他ならないもの**なのである。それならば、どのようにして身を修めるのかといえば、正心から誠意へ、誠意から致知へ、致知から格物へと「**下学して上達する**」〔『論語』憲問編の孔子の言葉〕ことなのである。その〔修身の工夫・努力の〕下学するや〔下学するに当たっては〕近代科学の真を究めて物に格《あた》り、その上達するや**宇宙の大霊《たいれい》**〔天地の神気・霊気〕**と冥合《みょうごう》する**〔知らず識らずに霊気に感応する〕のである。このようにして、**霊血一如、佛身一体の三昧境**〔無我の境地〕**に悟入するのが、私の奉ずる**〔うやうやしく戴く〕**自治宗である。***

＊　以上の、『大学』と『論語』憲問編の引用については、「解説」を読んでいただきたい。

自治宗のお題目

私はこの**自治宗のお題目**として、以下の三諦《さんてい》［三箇条］を説き、自ら努めているのである。

第一　人のお世話にならぬよう（自主的自治）
第二　人のお世話をするように（社会奉仕）
第三　そして酬《むく》いを求めぬよう（皇恩報謝）

けだし［確かに］、人類の自治的本能は、文化が進むと共に、次第しだいに洗練されてゆき、法理［法の原理］の方面と倫理の方面という二方面に発揮され動員されるようになった。しかも［その上］、自治が理想とする浄土は、この二方面が渾然と融合し調節されあった社会なのである。しかるに［ところが］、少し前から最近までの文化生活では、自治の法理的精神だけが病的に著《いちじる》しく強調され、自治の倫理的精神は甚だしく等閑に付せられている［大切にされていない］。その結果、権利が偏重される法律万能の社会が出現し、社会全体が、法律の許すかぎりの最小の義務に従って、最大の権利を得ようとするような弊害をもたらすようになってしまったのである。私が先に挙げた三諦を自治宗の題目としたのは、全人類の協同生活を真に円満にし、向上させるには、法理が命ずるものより、もっと広いもっと崇高な、自発的義務と自発的奉仕とが必要だと信じたからなのである。この題目の中に含まれている愛と奉仕との生活こそ、自治の極致だと信じたからなのである。しかして〔だからこそ〕、このような自治精神が最も麗しく〔心温まるものとして〕、端的に〔明白に〕発現したものを、私は親子や夫婦の仲むつまじい家族生活に見出すのである。と同時に、このような家族的生活を延長し拡大したものが、わが国体の精華であること、つまりわが国家家族主義の真髄であることを思うたびに、私は無限の歓喜を覚えずにはいられないのである。

『政治は奉仕である』

幸いにも、新有権者が、この国体美を自覚し、全国民一家族の理念を徹底するならば、諸君は必ずや、『政治は奉仕である』とする新政治理想を信じられるに違いない。ところが、例の『政治は権力なり』という言葉に飛びついて政治を曲解し、政治の目的は権力の獲得である、権力の獲得は議会の多数を制することである、この目的を達成するには手段を選ばない、とするのが従来の政党政治なのである。そのため、選挙は投票買収の市場と化し、この市場で買収した議員の頭数を絶対価値として依りかかり、政権争奪の取り引きに没頭してきたのである。この政党政治を厭うからこそ、特にわが国にあっては温かい家族的奉仕を重んずるので、『政治は奉仕である』という新政治理想を信ずるに違いないのである。まさに政治は奉仕である。したがって、国民が政治に参与することは、兵役と納税の義務と同様に、国民の神聖な義務なのではあるまいか。つまり、参政権は実は参政義務なのである。この参政義務を参政権と言うことは、国家家族主義の妙諦〔神妙な真髄〕を理解しわがものとする因縁に恵まれずに、欧米個人主義の文化を鵜呑みにした結果の迷語〔自分自身意味が分かっていない物言い〕であろう。

（中略）

今や帝国は未曾有の国難に立ち会っている。この危機から国運民命を救って、将来の福運を打開する道は、ただ、国民各自が自治精神の大自覚に基づく国民的活動により、俗悪な徒党政治の弊害を矯正し、一歩ごとに、自己の周囲を愛と奉仕の自治宗で踏み固めつつ堅実に進むほかはない。全国のすでに自治的自覚に目覚めた旧党派の諸君よ、および純潔な憂国の青年諸君よ、新日本建設のため、一致団結して邁進されんことを、私は切望する。

普通選挙とは——日本の選挙制度史の概略（〜一九二五年）

普通選挙とは、選挙の際に、全ての成人が選挙権を行使できる選挙形式を指すものである。

日本の選挙制度の創設は、明治六年の政変（いわゆる「征韓論政変」）で下野した、元参議である板垣退助、副島種臣、江藤新平等が中心となって、明治七（一八七四）年、起草した「民撰議院設立建白書」の提出により、広く朝野に国会開設に向けた動きが興ったことを淵源としている。

建白書の提出はまた、議会の開設とともに、憲法の制定、地租の軽減、不平等条約改正、言論の自由や集会の自由の保障などの要求を掲げる、自由民権運動の端緒となり、運動の結果として、明治十四（一八八一）年、国会を開設する旨の勅諭がなされ、明治二十二（一八八九）年の大日本帝国憲法の発布とともに「議員法、衆議院議員選挙法」が公布され「満二十五歳以上、直接国税十五円以上を納める男子」が選挙権者として規定された。翌年、この規定のもと、第一回衆議院議員総選挙が実施されている。

しかし、当該選挙は選挙権者に「直接国税十五円以上を納める男子」という制限を設けた制限選挙であった。その後、明治三十三（一九〇〇）年に衆議院議員選挙法改正が行われ、選挙権者は「満二十五歳以上、直接国税十円以上を納める男子」と改められ、さらに大正八（一九一九）年に二回目の衆議院議員選挙法改正が行われ、「満二十五歳以上、直接国税三円以上を納める男子」と改められたが、いずれも直接納税額に制限がある規定であった。

ようやく「男子普通選挙制度」と呼べるものが成立したのは大正十四（一

九二五）年のことであり、この際改正された衆議院議員選挙法で「満二十五歳以上のすべての男子」が選挙権を有するという規定がなされたのである。

この改正法のもとでの初選挙が実施されたのは、昭和三（一九二八）年の第十六回衆議院議員総選挙のことであり、その際、有権者数は総人口の二〇％を超えたとされている。

しかし、これはあくまでも男子普通選挙であり、わが国における女性を含めた完全普通選挙の実現は、昭和二十（一九四五）年の敗戦を待たねばならなかった。

（編集部）

〈解説〉

『国難来』を読む

——後藤新平の「東西文化融合」の哲学——

鈴木一策

はじめに

大正十二（一九二三）年九月一日、あの未曾有の国難、関東大震災が日本の中枢を襲った。その翌年、大正十三年三月五日、六十六歳の後藤新平が、東北帝国大学の学生に向けてなされた講演が、この『国難来』である。

講演は、ただちにパンフレット化され、四月二十日に刊行される。それが今回公刊された『国難来』の原本である。鶴見祐輔『〈決定版〉正伝・後藤新平』（藤原書店、二〇〇四―二〇〇六年、八分冊、以下引用には分冊番号を付し該当頁を記す）にも掲載されておらず、今日の読者には入手困難なものであることから、現代語化して公刊される運びとなった。

関東大震災と東日本大震災

『国難来』は、今から九五年も前の講演である。だが、とても昔の講演とは思われない。というのも、驚くべきことに、後藤新平はなんと目先の利害に目が眩み、関東大震災を「直視しない」人々がかなり多いこと、特に政治的指導者に多いことを憂えており、現代のわれわれの置かれた現状と酷似した状況を活写していたのだから。その一点だけでも、『国難来』は、現代のわれわれの姿を赤裸々に映し出す鏡となっているように思われるのだ。

われわれは、福島原発事故という未曾有の異変を伴った東日本大震災に遭遇したばかりである。しかし、チェルノブイリの事故がフランスにまで放射能を撒き散らしたように、風向きによってはどこまで放射能が拡大したか分からないにもかかわらず、海域や山間部まで含んだ広域調査は一切なされていないのが現状ではないだろうか。被災した福島の住民の内部被爆の実態さえ調査されていないことに明白なように、放射能の被害の実態はほぼ完全に闇に葬られているのではないか。しかし、実態の隠蔽が完璧に近くなればなるほど、隠蔽の異様さに気づく人もまた増えているようにも見える。そういう人々には、オリンピック誘致のために「アンダー・コントロール」などとうそぶいた首相の思惑を超えた大災害の深刻さが感じられたであろう。東日本大震災は、実際には前代未聞の莫大な被害をもたらしており、廃炉処理等にかかる天文学的費用も思考が停止するほどに膨大なはずであり、あの関東大震災以上の大災害と受け取ることも可能であるかもしれないのだ。さらに、津波被害の救援に「トモダチ作戦」で駆けつけたアメリカの空母ロナルド・レーガンは、現場から五〇〇キロメートル離れていたにもかかわらず、乗組員が海上で強烈な放射能を浴び、死傷者は多数続発し、目下裁判闘争の渦中にある。東京電力にはどれほど莫大な賠償金が科せられるか分からないという。こうした国際関係にまで及ぶ事件であるにもかかわらず、マスコミでは一切報道されていないのだ。筆者はYouTubeで映像を見てぞっとしたものである。

われわれは、このように、情報を徹底的に管理されて盲目にされていることは確かである。しかし、地震頻発の火山列島に居住している以上、いつ直下型の激震に襲われるか分からないばかりでなく、最近の地球規模の異常気象には不気味さを感じざるをえず、現状の直視を避けようとしても不安を決して払拭できないでいるのではなかろうか。この状態こそまさに国難そのものなのではないだろうか。

この曖昧で中途半端な状態のままでは、後藤が浮かび上がらせた国難の諸相を現代にも通じるものとして受け取ることはかなり困難かもしれず、筆者自身も、力量不足を痛感している。しかし、後藤のいわゆる「国難」の内実に探りを入れれば入れるほどに、現代のわれわれが不安を払拭できないでいる何かが徐々に浮かび上がってくるのではないか、そのように筆者が感じるようになったことも確かなのである。

例えば、後藤が問題としている国内の政党政治のあり方一つとっても、現代のわれわれの国際感覚の危うさを感じさせるに充分なのではないかと思われる。現代史の教科書的記述では「大正デモクラシー」などとしてやや持ち上げられてはいるが、後藤の手厳しい批判に従って掘り下げてゆけば、政権争いに明け暮れる政党政治の内奥には、清朝没落後の中華民国を蔑視した侵略主義の種子（日本人の信義を自ら裏切る道義的頽廃）を撒き散らす毒素を探り当てることが確実にできるだろう。当事者たちにとって「民本主義」と映ったものが、その真逆の侵略・排外主義を内部に潜ませていたのに、それに気づかない中途半端さ。後藤は、そうした捩れた政治状況を、『国難来』の第一章「内憂外患こもごも到る」で、こう活写する。

あるいは［内憂に］気づいていながら、その現実を直視する勇気なきが故に、逆に自己の心をあざむき、一時しのぎの安易な瞬間の快楽に酔い、ついに国家と国民を破滅の底に陥れる。真に恐るべきは、目に見える敵国・外患ではない。国難を国難として気づかず、漫然と太平楽を歌っている**国民的神経衰弱**こそ、もっとも恐るべき国難である。例えば、今回の関東大震災は、疑いもなく国家の大難であるが、もし国民の大多数が、この大国難を通して**厳粛なる天の啓示**だと受け取り、劫火の洗礼によって、ただれた心身を鍛え直すならば、この国難はただちに国家復興の機縁となるのだが……。

（本書、二〇―二一頁）

あの関東大震災でさえ、「天の啓示」と受け取らずに、第一次世界大戦の戦争景気に酔いしれ、漫然と太平楽を歌っている国民が明らかに多数存在していたのだ。この後藤の診断は、東日本大震災を「天の啓示」と受け取っていない現代の日本人を見事に射当てていたのである。

自然を支配できるという奢り

問題は、「国民的神経衰弱」という後藤新平の鋭い標語の意味である。ノイローゼといった病的な神経症を意味していることは確かである。現代の日本社会には、不登校や引きこもりを代表として、膨大な鬱病・アトピー等の「患者」が現に存在するから、「神経衰弱」をノイローゼと翻訳することは確かに可能である。だが、そうした一面に偏った翻訳こそ、後藤の深い洞察から眼を閉ざす恐れがあるのだ。

なぜだろうか。第一次世界大戦に参戦しながら、軍事的損害を運よく免れ、戦争景気の甘い汁を吸った多くの国民の「奢り」の代名詞こそ「神経衰弱」であり、そうした「奢り」こそ当事者にはもっとも気づかれないものであるからだ。この講演の直後の五月二十五日に、アメリカで排日移民法にクーリッジ大統領が署名し、国運は決定的岐路に立たされる。まさにこうした恐るべき動きに鈍感であることと、対華二十一カ条の威圧的要求を突きつけても平然としていることのできる鈍感との根が、「奢り」であった。どんなに払拭できない不安を抱えていても「奢り」の縛りは鈍感を免れない。特に、最先端の科学技術は天然としての自然を支配しうるという信仰にも似た現代人の「奢り」の根は深い。そして、この「奢り」からくる鈍感さそのものに、後藤はなんと「第二次世界大戦」の予兆を看破していたのである（本書、二七頁）。

「国民的神経衰弱」を「奢り」と翻訳する筆者の根拠は、その対概念にある。それは、本講演の第十一章「専門崇拝病と総合的常識」に登場する。天地の神妙な働きに感応する「物心一如の大乗観」（本書六一頁）という概念である。天地の霊気・神気に感応し、畏敬の念を抱く大乗観が東洋的伝統（後述する）であり、その対極が「奢り」なのだ。この天然としての自然を最先端の科学技術で飼いならすことができるとの近代の「奢り」を理解するには、後藤がこよなく尊敬した江戸初期の熊沢蕃山（一六一九―一六九一）の実学的王道の哲学を参照するべきではあるが、それは「解説」の最後に論ずることにしよう。

以上の指摘だけでも感じていただければ幸いなのだけれども、後藤の辛らつで、場合によってはユーモアのある寸評的物言い（例えば、「会議病」「専門崇拝病」「懐疑病」）は、多少とも掘り下げ、内外の歴史的・政治的・経済的・文化的状況と絡めて注釈しなければ、現代のわれわれがわが身に引きつけて理解しにくい所が多いと思われる。そこで、十六章からなる本講演を三つに区分けし、それぞれに注釈を加えようと思う。しかも、できるだけ、後藤自身の物言い（『正伝・後藤新平』に収録されている物言いの他に、雑誌論文などの物言いを含む）を引用し、注釈の裏づけとして活用しようと考えたのである。

一　第一次世界大戦の戦後処理に、第二次世界大戦を直感

第二章「現代的会議病と国難」、第三章「第二次世界動乱の陰影」、第四章「極東の形勢と日露修交」とは、一連の問題、つまり欧州大戦（第一次世界大戦）の戦後処理と日本の置かれた立場を扱っている。そこで、一括して注釈したいのだが、そもそも第一次世界大戦はどうして起こったかを概観しないでは済まされないであろう。ことに、後藤新平が、第一次世界大戦以前に、ドイツに私費留学し、台湾の民政長官時代に欧米列強の動向をどのように敏感に感じ取ったかを、概略的にではあれ明らかにする必要があるだろう。

ドイツ参戦の根本的理由

先ず問題になるのは、バルカン半島の東部、ボスニア・ヘルツェゴヴィナの首都サラエボで、オーストリア・ハンガリー帝国の皇太子夫妻が暗殺された事件（一九一四年六月二十八日）が、この土地からかなり遠隔地のドイツ帝国をなぜ戦争に踏み切らせたのか、この素朴な疑問に答えなければならない。

ボスニア州とヘルツェゴヴィナ州（住民の大多数がスラブ民族のセルビア人とクロアチア人）を領有していたオスマン帝国の衰退に乗じて、一八七八年以来、「汎ゲルマン主義」を掲げるオーストリア・ハンガリー帝国が統治権を握り、一九〇八年十月、住民の意思を無視して、一方的に帝国の領土として併合した。一九一二年の二次にわたるバルカン戦争の結果、この地域に隣接するセルビア王国がオスマン帝国を駆逐して勢力を拡大すると、オーストリア・ハンガリー帝国は、セルビアによって民族主義運動が煽られることを恐れ、この地域のセルビア人への抑圧を強化した。その強化策の一環としてのオーストリア陸軍の軍事演習の視察のため、皇太子夫妻は同地を訪れ、暗殺されたのだった。

オーストリア・ハンガリー帝国は、一九一四年七月二十八日、セルビアに宣戦布告する。この間、セルビア側に立っていたロシア帝国は、七月三十日、軍隊の総動員令を発する。ドイツ帝国は、八月一日、ロシアに宣戦布告、八月二日、オスマン帝国と秘密同盟条約を結び、三日にはフランスに対しても宣戦布告。四日にはイギリスがドイツに宣戦布告、六日にはオーストリア・ハンガリー帝国がロシア帝国に宣戦布告して、全面戦争が開始され、二十三日には日本も日英同盟によって、連合国側に立ってドイツに宣戦布告、ということになったのだ。

ロシア帝国とオーストリア・ハンガリー帝国とはバルカン半島をめぐって

対立抗争を続けてきたのだから、両国の参戦は納得できる。しかし、民族問題でオーストリア・ハンガリー帝国に同調する必要もないのに、ドイツ帝国はなぜ積極的に介入したのか。その根本的理由は、重大な国外進出政策にあった。

一八九八年三月、ドイツ皇帝のヴィルヘルム二世は、オスマン帝国の首都コンスタンチノープルを訪問、トルコ皇帝と会見し、「バグダッド鉄道」の敷設権を得た。翌年、オスマン帝国は、コンスタンチノープルからバグダッドを経て、ペルシャ湾頭のバスラに到る鉄道の建設をドイツに正式に認可する。

ここに、ベルリンのBと、コンスタンチノープル（後のイスタンブール）つまりビザンチウムのBと、バグダットのBとを結ぶ、ヨーロッパ・アラブ縦断鉄道の実現の端緒が開かれたのだ。これがヴィルヘルム二世のいわゆる「三B政策」なのである。鉄道の建設と経営は、例の南満洲鉄道と同じように、付属する多くの利権をドイツ帝国にもたらす。

線路に沿った鉄道付属地における治外法権的な権益を得ることは言うまでもなく、港湾建設や農村地帯の大規模開発や干拓事業などがドイツ金融資本の巨大な投資を促し、莫大な利得がドイツ帝国に還流するのである。現地がドイツの軍事拠点であることはもちろんのことだが、ヴィルヘルム二世の計画では、鉄道はさらに延長されてインドにまで達するものであった。だから、**バグダッド鉄道は、ドイツ帝国のアジア進出の大動脈**であったことになる。

ところが、オスマン帝国はその後バルカン半島の支配力を急速に落とし、オスマン帝国領だったセルビア王国がオスマン帝国の対抗勢力となったことは、「三B政策」達成の最大の障害となった。そこで、ドイツ帝国は、オーストリア・ハンガリー帝国やオスマン帝国と手を結び、セルビアとその背後のロシアを撃破し、勝利して東への突破口としなければならなかったのである。以上が、ドイツ参戦の根本的理由であった。

後藤の驚くべき国際認識

そこで、話しを後藤新平の国際認識の問題に転じよう。後藤が台湾経営時代の外遊で、サラエボを訪問したことに注意しなければならない。明治三十五（一九〇二）年十月二十六日、欧米の主要都市を歴訪してモスクワに達した後藤は、第一次世界大戦の火薬庫となろうとしているバルカン半島に赴き、ワルシャワ・ウイーン・ブダペストを経由して、終にサラエボに至った。『正伝3』は、この外遊を単なる漫遊としか捉えておらず、サラエボ訪問については一切言及していない。しかし、当時の後藤の日記（近く、藤原書店より刊行）を読めば、後藤がバグダッド鉄道とドイツの野心に深い関心を抱き、サラエボ周辺を「調査」していたことが判明する。この事実は、後藤の驚くべき国際認識を物語るものであろう。

さらに、伊藤博文との重厚な思想的交流を継続してきた後藤に注目しなければならない。明治二十八（一八九五）年、陸軍軍人・児玉源太郎（一八五二―一九〇六）の紹介で、初めて伊藤と面談した三十八歳の後藤は、以後、明治を代表する大実業家・大倉喜八郎（一八三七―一九二八）の向島別邸で、伊藤博文との密会を幾度も重ねてきた。この重大な事実に注目した歴史研究はほぼ皆無であるから、明治四十（一九〇七）年の厳島での密談（いわゆる「厳島夜話」）も、無視されて不思議ではない。しかし、この三日三晩に及ぶ激論によって満鉄総裁の後藤に説得された伊藤博文が、欧州を歴訪しようとしてハルビンで暗殺されたことを、重視しないわけにはいかないであろう。

後藤は、厳島で、なんとバグダッド鉄道に言及し、ヴィルヘルム二世の「三B政策」は、それなりに「東西文明融合」を計るものだが、つまるところ覇権的であり、日本の満洲経営は王道的であることを伊藤に説いて、「東西文化融合」の旅を勧めたのである。「厳島夜話」として後日述懐された、後藤の言葉に耳を傾けよう。

実際、南満洲鉄道は単なる経済機関としてロシアから引き継いだものではない。むしろ、その目的には、満洲とモンゴルとを開発して日中両国の有機的関係を象徴する国策上の任務を帯びたものがあると同時に、**東西文化**［原文は「文化」なのに、『正伝 4』、五〇六頁の釈文は「文明」となっている］**の融合**という任務が含まれている。すなわち、ヨーロッパとアジアの両文明を連絡結合することで、**世界の文化的大動脈と**しての機能を全うすべき使命を帯びてもいるのである。これ以前に、ヨーロッパ大陸とアジア大陸との文明の接触を画策したものとしては、小アジアにおけるロシア帝国の例がある。あるいは、近東におけるドイツ帝国のように、先年ドイツ皇帝がマホメッドの墓を弔い、イスラーム教徒を激励して、トルコ皇帝に打電するなど、暗に**東西文明融合**、ヨーロッパ・アジア連合、旧大陸同盟の萌芽とならないものはない。ことに、ドイツ帝国がバグダッド鉄道を敷設して、遠くペルシャ湾に進出する計画に着手したことは、ヨーロッパ文明とアジア文明との融合を促進する上で、最も留意すべき雄図ではある……要するに、世界の形勢の推移に照らし、その形勢を人文《じんもん》と自然との情勢から考えてみれば、ヨーロッパ大陸とアジア大陸とは、新大陸としてのアメリカの新興勢力に対して、共通かつ共同的関係を持つのであるから、新大陸に旧大陸を対峙させる姿勢は、二十世紀史上の一大事実でなければならない。（『正伝 4』五〇五頁、強調は引用者）

ここに主張されているものは、「新旧大陸対峙論」としてよく紹介されているものだが、決定的なことは、旧大陸のドイツ帝国の覇権主義的・侵略主義的「文明」と対抗して、東西の「文化」的融合を目指す後藤の王道論の展開だったのだ。後藤は慎重にも、文明による文明の融合の覇権性と、文化融合とを区別していたのである。

後藤は、すでに、日露戦争のさなか、一九〇五年一月に、伊藤博文を筆頭に元老全員に、「日本新王道論」を送付していた。この重大な建白書で、後藤は、ヨーロッパの列強はローマ帝国の覇権主義に感染した権力奪取の趨勢を帯び、協同的相互扶助を基調とする日本的な民を大本《おおもと》とする王道的伝統と食い違うことを強調し、日清戦争の勝利に酔い、日露戦争に没頭して、中国漢民族の覇権主義やヨーロッパ列強の覇権主義に追随してはならない、と主張した。この「日本新王道論」は、公表されたことがないので、いずれ公刊する予定であるが、そこで主張された日本王道論の延長が「東西文化融合」論だった。この点については、「解説」の末尾で再度論ずるつもりである。

いずれにせよ、この文化融合論には、欧米列強の野心を見抜きながら、あえて欧米の優れた面を学び、さらに日本的な伝統文化を国際化しようという遠大な構想を見ることができるのである。

ドイツ帝国を追い詰めた過酷な戦後処理

次に問題にすべきことは、バグダッド鉄道の野望に散見される科学的開発能力と思想的力量を備えた第一級の敗戦国、誇り高きドイツに対する連合国側の過酷な仕打ちが、どのような影響をもたらすか、その奥深さを察知した後藤の感性の鋭さの内実を問うことなのだ。

米大統領ウィルソンの「十四カ条」には、ドイツの領土保全が認められ、オーストリア・ハンガリー帝国との統合を可能にする条項さえあった。だが、講和条約は、ドイツから全海外領土・植民地を没収し、エルザス＝ロートリンゲンをフランスに返還させる。さらに、ポーランドの独立再興に伴い、ポーゼン州と西プロイセン州とをポーランドに割譲させ、バルト海に面した主要都市ダンツィヒを国際連盟管理下の自由都市にし、さらに決定的なことに鉱工業の主要地帯ザール地方を十五年間連盟の管理化に置いて、その後住民投票によって帰属を決定すること、シュレージエン、シュレースビッヒ北部（現デンマークの一部）、オイペン・マルメディィ（ベルギー国境）なども住民投票による帰属決定地にしたのである。「ヴェルサイユ条約によるドイツの範囲および制限」の図を参照されたい。オーストリア・ハンガリー帝国との統合は禁止され、軍事面では、参謀本部も解散させ、徹底的な禁止条項がずらりと並ぶ。

要するに、奪われた地域は、ドイツの重工業の主要原料・工場設備地域であった。だから、ドイツは、石炭生産の約二割、鉄鉱石の八割近くを奪われることになったのだ。また、条約発効後、ドイツには、五年間、関税の自主権が認められず、当面、経済を通じての復活も不可能だったのだ。後藤は、そのことを、さりげなく「パリ講和会議で設定された新しい国境は、自然の摂理に反するものがないとは言い切れない」（本書、三〇頁）と表現しているが、

現在(2019)の領土

ヴェルサイユ条約によるドイツの範囲および制限
(『世界歴史大系　ドイツ史 3』山川出版社、1997 年)

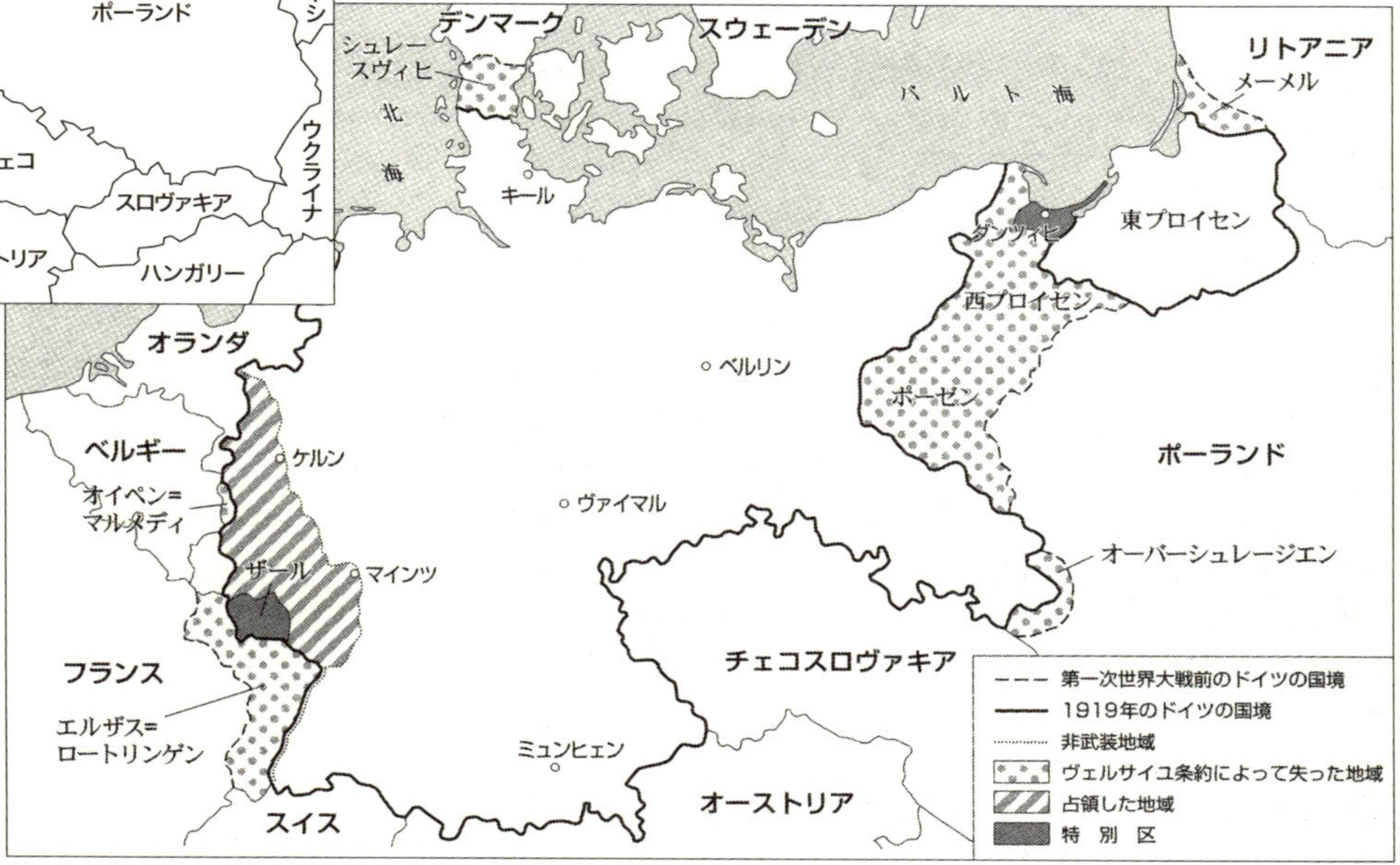

この不自然さは、ソヴィエト政権樹立後、軍部の義勇軍による東進、シベリアへの進出を促し、ロシアの白軍に身を投じ赤軍と闘うに至る（日本のシベリア出兵の遠因）のであり、**後のナチズムを誘発することにもなるのである。**三度目の渡航（欧米旅行）によって、後藤は、戦後体制は第二次世界大戦の芽を孕んでいることを再確認するに至るのであるが、ヴェルサイユ条約をロンドンで知った後藤が、次の大戦を「直感」した背後には、以上の後藤の国際認識があったのだ。

後藤新平は、ロシア革命後のアメリカとドイツをどう見たか

最後に、ロシア革命後の国際関係の中で、後藤新平が労農ロシアとアメリカとドイツをどう評価していたかを論じたい。大隈内閣が対華二十一カ条を突きつけた結果、太平洋の両岸の中華民国と米国に「日系人の排斥、日本製

商品のボイコットが年々深刻化し、昨今では声をひそめながら実質的な排斥が進行するというぞっとするような情勢」（本書、三二一―三二二頁）が生まれ、その後始末をするために寺内正毅内閣の内務大臣（注意されたい、当時の内務大臣は副首相格であり、病魔に襲われていた寺内に代わって、後藤は事実上の首相を演じていた）となり、さらに外務大臣に転じた時、寺内内閣は重い腰を上げシベリア出兵を決定した。

シベリア出兵を愚策として後藤の責任を問う論者もあるが、後藤は、労農ロシアの政権を冷静に注視し、修交の機会を常に模索しつつ、チェコスロバキア救済のため出兵したアメリカの動向を睨みながら、「すぐにでも撤兵すること」を条件に寺内内閣の出兵許可に同意した。撤兵を延々と回避し膨大な無駄を演じたのは陸軍であり、寺内以降の内閣の責任である。

寺内内閣の内務大臣・後藤は、アメリカとドイツをどう見ていたのか。ロシア革命の翌年、後藤はすでに寺内内閣に失望していた。一九一八年三月二日の「寺内首相に呈する書」という「辞表」を参照したい。後藤は、対中華民国の外交政策として、特使を中華民国に派遣して提携の実を挙げ、ドイツの東方に対する野心を阻むとともに、アメリカの「偽装的侵略主義」に対抗すべきだと主張し、次のように述べていたのである。

ドイツがインドおよびロシア［のシベリア］に進出しようとする侵略的野心を抱いていることは、もはや議論の上のことではなく事実である……。さらに、アメリカ合衆国の真意を忖度すれば、いわゆる道義的侵略主義を抱いており、言い換えれば、公義人道の衣をまとった**偽善的な**一**大怪物**に他ならない。現在、大統領ウィルソンの唱導しているものが、やや成功しているように見えるけれども、その怪物の正体が顕現してくることは疑いない。だから、ドイツの国人主義［汎ゲルマン民族主義］とアメリカの民本主義とは、結局のところ名前こそ違え同一物であることは否認する余地などない。

（『正伝　6』三三一―二頁）

このアメリカを「怪物」とする評価は、あの新旧大陸「対峙」論の枠を超えて、アメリカの帝国主義的野心を見抜いた鋭いものである。したがって、後藤の国際認識は、日英同盟に頼り、ワシントン会議の決着に追従する当時の日本外交のような甘さ（現代日本の対米依存を髣髴とさせる甘さ）など微塵もなかったことが分かるのである。中華民国における排日運動とも連動したアメリカの排日運動の恐るべき結末を予知する後藤の国際感覚は、世界大戦の必然的な結果としてのドイツ革命（本書の七九頁の註を参照されたい）とロシア革命の認識をも可能にするものだった。

この冷静な国際感覚から、孫文との接触を試みていた労農ロシア極東全権のヨッフェ――トロツキー側近で医者出身の知識人ヨッフェ――を「私的に」（加藤友三郎首相の内諾を得て）に招くことにもなったのだ。大正十二（一九二三）

年二月、関東大震災の直前のことである。注目に値するのは、ヨッフェ来日の前に、アメリカの帝国主義化に批判的なニューヨーク市政調査会の指導者チャールズ・ビーアドを招いていることなのである。

　来日を前に、後藤はビーアドに『東亜英文旅行案内』を送り、それを読む事前学習を要求していた。『東亜英文案内』こそ、東アジアの文化的伝統を総体として世界に認識させる壮大な任務を帯びていた。ビーアドが来日すると後藤は、ビーアドのロシア革命後の変化を論じた論考（新経済政策《ネップ》が資本主義的要素を採り入れていることを正確にキャッチした最先端のロシア革命分析）を新聞で公開し、ビーアドとヨッフェとの会談まで用意したのである。この会談はビーアドが拒否したため実現されなかったが、この二人の賢人を抜擢した後藤は、ここでもあの「東西文化融合」を試みていたのである。

二　国家の私物化を克服する「大調査機関」構想

第五章から第十章までは、大正期の政党政治の腐敗と堕落とを告発するものである。政権を握った政党が、「早速に国家の金蔵から盗み、公有の山林をこっそり奪い取り、あらゆる罪悪的な利益の独占に浸りきって、少しも恥じない」（本書、四一頁）私物化の実態を、リアルに把握したい。そのために、後藤新平が政党内閣からどのような仕打ちを受けたか、またどれほどの国家的損害がもたらされたかを示す事例を挙げることにする。その事例から、第十一章で言及されている「大調査機関」構想をなぜ後藤が抱くに至ったかを明らかにしたい。

水力発電事業の大調査——日本の風土に最適で、地方自治にも役立つ

後藤新平は、貴族院議員中心の清浦内閣を「特権内閣」として批判した第二次護憲運動のリーダーたちこそ、国政を私物化する「我党内閣」だと揶揄した。この言葉は政友会の誰かが思わず発したものかもしれないが、後藤はこの「我党内閣」という言葉に、水力発電事業の五カ年計画を二年もたたないうちに中止させた西園寺内閣の横暴振りへの怒りと、その結果重大な国家的損害がもたらされた体験の苦い思いをこめて使っている。

水力発電の大調査は、台湾民政長官時代の後藤が、全島を自ら踏破した現地調査に端を発している。明治三十七（一九〇四）年、標高二七七〇メートルの阿里山の踏査（写真参照）で、後藤は多大の収穫を得た。台湾の森林は、ヒノキの大木などが鬱蒼と繁り、樹種も豊富で全島の六〇パーセントを占めて

阿里山にて（奥州市立後藤新平記念館蔵）

いた。ヒノキは後に「阿里材」として国際商品となるのだが、これを伐採し、しかも（ここが決定的に重要なのだが）百年を見越して植林を間断なく実施すれば、無尽蔵の林業地であることが判明する。ここに、後藤は、世界にも類例のない森林鉄道を敷設したのである。

その際、灌漑のため用水路を設けたのだが、その副産物として水の「落差」が発見され、その「落差」を利用しての水力発電が着想されたのだ。台湾の地勢は、日本の本土と同じように、いたるところ水力利用に適していたが、「落差」を利用して、灌漑に使用する前に、一万馬力の電力を発生させるのが有利ということで、資本金三千万円の台湾電力会社が創設されるに至る（『正伝 3』三九四頁）。

そもそも、電力を活用することは、欧米から学ばないかぎり絶対ありえないことで、後藤の「東西文化融合」の構想に発している。さらに、阿里山での経営では、アメリカ式のケーブルによる集材機械が使用され、製材所もアメリカ西海岸諸州の工場を模範としながら国内需要に合わせた日本的なものであったように、「文化融合」の構えは徹底されていた。注目に値することは、アメリカの林業から学ぶ後藤の斬新さよりむしろ、台湾独自の地勢に合わせて、水力発電を根本的な動力として、台湾の産業全体の基礎としたことなのである。だから、スコットランドの優秀で日本愛好家の土木技師バルトン（一八五六―一八九九）に助けられて整備された上下水道の見事さに眼を奪われ、あるいは、台北市の巨大な道路に驚いて、後藤のことを、近代的なインフラを整備した「科学的」植民地経営者などと、外面的に評価すべきではないのだ。彼の水力発電の大事業が、台湾の風土に柔軟に従う治山（植林）と治水（灌漑）を土台としていたことこそ、評価すべき重大な点だった。後藤は、当時を回想してこう述べている。

一大電力源泉地［強調は原文］の開発を推し進め、私は**各地の水源地点**

や用水路の実地調査を開始し、大小二十余箇所を特定し、その経費は一億六千万円を計上した。ところが、当時、私の発言を理解する者が世間に少なく、また私が台湾に中央試験所を設置し、さらに電気試験所を設置して、陸上交通機関ならびに工業の原動力に電気を使用すべきだと勧めると、日本人の多くは非難冷笑で答えたのである。……だが、台湾の中央試験所がいかに絶大な貢献をしたかは、今では国内でも海外でも認識されるに至った。新高山《にいたかやま》［標高三九五〇メートル］に象徴される台湾の富の源、砂糖、ウーロン茶、米、樟脳、木材、その他、最近の**水力発電による各種産業の発達**を見られるがよい。（『正伝　3』一四二頁、強調は引用者）

台湾の体験を活かし、第二次桂内閣の逓信大臣となった後藤は、内地でも水力発電の大調査に着手した。省内に臨時発電水力調査局を設置し、局長の仲小路廉《なかしょうじれん》（一八六六―一九二四）を、八カ月、欧米に派遣して実地調査を徹底した。

明治四十三（一九一〇）年四月、招集した地方長官たちを前に後藤は訓示する。その概略はこうだ。最近の技術の進展により、遠方への送電も進化して、水力発電の広大な有効性は他の発電を凌駕しつつある。大動力を不可欠とする現代の工業界の趨勢は、遠隔送電によって安価となった水力発電の方が、石炭や石油の動力に比べて優位になっている。わが国は豊富な炭鉱に恵まれてはいるが、採炭の命脈に限度があり、需要増大によって採炭費用は年々増加している。また石炭は戦時には供給不足、平時でも価格は不安定である。こうした現状から、英国でも調査が開始され、水力発電に関してはドイツ・スイス・オーストリア・フランス・アメリカが水力調査局を設け、多くの国で国家規模の調査が盛んになっている。このように現状を報告して、後藤は日本にとって最適な水力発電の射程の広大さをこう総括する。

わが国のように、河川がありあまるほどに多く、水力が豊富な国土にあっては、天賦無尽の水力を開発して、石炭動力に代えることは、国民経済上、極めて必要なことであり、**自然の命ずることに従う**ものである。さらに、水力発電の発達が、単に工業界に役立つだけでなく、**排水灌漑その他、農業上における利用の余地も多く、家内工業を助長**するのに有効なのだから、ますます**地方繁栄と密接な関係があると**、私は信じている。

(『正伝 5』一一二頁、強調は引用者)

後藤の水利調査は、全国一、五三六箇所に及び、深山孤島にまで水力発電装置が設置可能であることを実証するものであった。この構想に共感した調査員は、テントを持って自発的に山野に分け入った。指導者の現場での奮闘に感化された調査員には、「ひとのお世話にならぬよう」との自主的自治の精神が育まれていったのである(『正伝 5』一一二頁)。この精神がなければ、いくら故郷に水力発電装置が設置されても地方自治は成立しない。裏を返せば、膨大な投資を必要とする重化学工業は、港湾施設に近い大都会での火力発電になりがちであるが、地方のどこにでも設置可能で、投資も少なくて済む水力発電は、林業・農業・軽工業を安価に助長しうるということだ。このことこそ、地方「自治」の可能性を意味していた。

脱原発を憲法に明記している現代のオーストリアは、天然ガスをロシアからパイプラインで輸入することに伴う不安定に怯え、そのトラウマから林業立国に転換した。木材をペレットに加工してボイラー、火力発電に生かし、板を上手く重ねて強度と耐火性を増した「集成材」によって木造の「高層」建築まで可能にしている。ウイーン工科大学、木造建築の第一人者の教授は、こう語っている。

セメントや鉄の生産には途方もない額の投資が必要です。ところが、今日ではエネルギー資源はあまりありませんから、この星にある自然が与えてくれるもので私たちは生活しなければなりません。この思考の大転換こそが真のレボリューション（革命）です。そうした革命に木材産業はうってつけなのです。森林は管理して育てれば無尽蔵にある資源だからです。**その結果、経済は必然的に国家中心から地域中心になっていきます。**製材業はたいていファミリー企業です。原料の調達も、せいぜい二〇〇～三〇〇キロ圏内でまかなえます。生産には多くの人手がかかります。要するに、木材は、投資は少なくてすむ一方、地域に多くの雇用が発生する。経済的にもとても優れた資源なのです。

（拙著『マルクスとハムレット』藤原書店、二〇一四年、「オーストリアのエネルギー革命」の項、一九〇頁を参照されたい）。

このような現代の「エネルギー革命」の観点から、後藤の「自治」の基盤造りを見直せば、代替エネルギーとされている太陽光・風力・地熱等々を適宜に活用しうることになろう。しかし、現代でも日本の風土に最適なエネルギーは水力であることを、後藤は示唆し続け、同郷の友人、後に首相となった斉藤実《まこと》（一八五八―一九三六）へ托した遺言には、「水力発電の国営化」（『正伝 8』六六一頁）が明記されていたという。

水力発電の大調査を中止させた西園寺内閣

このように、水力発電の大事業に対する後藤新平の執念は凄まじいものだった。最初五カ年計画で開始された大調査であったが、明治四十四（一九一一）年、第二次西園寺内閣が成立するに及んで、財政緊縮節約主義という理由で、わずか二年目に、中止させられたのだ。後藤は、この中止によってもたらされた大損害と不経済とを、満身の怒りを込めて弾劾した。

水力発電事業も、鉄道電化事業も、調査不足のために、無駄な資本投下を各地に惹起するばかりでなく、無用な競争や政治家との癒着によって地域にまともな事業者を育成することを阻んだ。企業に確実な資料を提供し、集約的統一の利用を指摘しないツケは、膨大な無駄、膨大な不経済を生んでいる。

この不経済は、統計には表れない。昨今、日本の統計調査の不備が嘆かれているが、問題は逆なのだ。現場の実地調査の困難さと緊急性とが問われているのだから。後藤が陣頭指揮をしてなされた大掛かりで綿密な大調査の成果を「尺度」にして、初めて浮かび上がってくるのが「不経済」なのである。この調査なしに、いくら既存の統計表を睨んでも机上の空論しか出てこない。この「空論」もまさに不経済に数えられる。

大正九(一九二〇)年三月、第一次世界大戦終了直後に、欧米を八カ月もかけて視察した末に後藤が構想した「大調査機関の国家の二大急務」(『正伝 7』二三〇―二七四頁)の二大急務の一つがエネルギー問題、つまり水力発電事業であった。そこで、後藤が国家の「大急務」と呼び、「国内経済の破綻」とまで形容したものが、まさに「不経済」だったのだ。だから、目先の資源に安易に依存する近視眼には、とうてい見ることのできない「破綻」であり「国難」なのである。後藤は、近い将来、石油の輸入を巡る国際的な争奪戦が激化することを見越し、輸入に頼ることを警戒していたからこそ、この不経済を経済の「破綻」とまで強調し、不偏不党の大調査機関の必要を痛感することになったのだ。あの「我党内閣」という言葉には、後藤の義憤が熱く燃えたぎっていたのである。

広軌鉄道事業を拒絶した原敬の政友会

水力発電事業と強く結びついていたのが、日本の鉄道の線路の幅を欧米並みの広軌にしようとの後藤新平の大構想であった。この構想は元来、日本の幹線を電化しようとするものであったのだ。明治四十四（一九一一）年二月、戦後ドイツの生んだ天才政治家とされるユダヤ人W・ラーテナウ Rathenau（一八六七―一九二二）との電文による内密の打診によって、後藤は、ドイツの広軌鉄道の電化の急速な進展を熟知する。ラーテナウは後に外相となり暗殺される人物だが、当時はアルゲマイネ電気会社の社長であった。後藤はすでに部下の島安次郎（一八七〇―一九四六）らをベルリンに派遣し、東京―下関の幹線の広軌化と、そのいくつかの区間を電化する問題をラーテナウと協議させていたのである（『正伝 5』二五〇―二五四頁）。後藤は、この電化計画は公表せずに、欧米列強ですでに普及している広軌化だけに問題を絞り、議会対策に乗り出した。

そのための全国的な鉄道の現地調査が、これまた凄まじい。第二次桂内閣の逓信大臣と鉄道院総裁とを兼ねることになった後藤は、国有化された国鉄の官僚化を打破するため、大胆な人事を断行し、若手を抜擢し厚遇する。さらに自治の根本を相互扶助の親密な「家族主義」に置く実践は、以下に述べる現地調査でなされたものである。

議会の協賛を得て多額の線路調査費を確保した後藤は、秘かに広軌化を目論みつつ、日本全国の鉄道網の測量調査に取り掛かる。多数の職員を全国に派遣するだけでなく、後藤は自分から陣頭に立って赤革のゲートルを巻いて全国を行脚した。新線を調査すべき地方を、人力車・馬・徒歩で通過したのである。この行脚は、後藤の政治勢力の増大に役立ったばかりでなく、人間後藤の印象を一般民衆に与え、後の都市研究会の大中都市の交流を目指した大キャンペーンや政治の倫理化運動の地盤を形成しつつあったのだ。この『国難来』講演と通じる一九二六年刊行のパンフレット『政治の倫理化』（近刊予定。その付録が本書収録の「普選に備えよ」である）は、百万部を突破したベストセラーであった。

ここで、国鉄職員の逸話に触れると、ある職員は、杜撰な競争入札の弊害除去のため、現地調査を後藤から命じられ、有能な技師と全国の石炭山をワラジばきで回って、業者から購入するよりも安価で良質な石炭を手に入れ、数百万円もの節約に成功する。驚いたことに、この職員は、いつの間にか、後藤の公債構想をわがものとして、この浮いた金額を「五分の利息を払う公債の資金に還元すると、ちょうど一億円の資本の効用に匹敵する」（『正伝 5』二〇九頁）との想像力を発揮しているのである。これこそ、公益を重んじ、「ひとのお世話にならぬよう」「ひとのお世話をするように」「そして報いを求めぬように」働く自治の精神の見本ではなかろうか。後藤の大事業は自治の運動と一体だったのだ。

　それはともかく、後藤の在任中、本州・四国・九州・北海道において実測された線路は五千マイル、踏査距離は千六百マイルだったという（以上、『正伝 5』二四二―三頁）。こうして、狭軌に向くか広軌に向くかの尺度が得られたのだ。

広軌化の実現のための政界工作の執拗さとおびただしい妨害の経緯については、煩瑣になるので省略したい。焦点は、以下の論点に絞られていた。

現在の車両は老朽化し時代遅れとなり早晩取り替えるしかないのだから、広軌の線路に新しい車両を走らせたほうが失費は少ない。高速で大量輸送に適する広軌鉄道のほうが将来予想される物流の増大に答えることでき、強風にも耐えて脱線せず、レールの継ぎ目が少なくて運行が静かで寝台車での安眠を可能としうる。かつまた、広軌化は外国の玄人筋にも通用する一等のキャビネットが設置可能な車両を走らせることができる。この広軌化を時期尚早とする理由はあるのか、というのが主要な論点であった。

『国難来』の解説にふさわしいと思われるのだが、広軌に賛成の憲政会に対し、伝統的に広軌に反対であった政友会の重大な反対理由を挙げてみよう。

憲政会は都市に選挙地盤を多く有するに反し、政友会は主として農村を地盤とした。しかるに、農村は鉄道の普及を熱望した。これを利用することが、選挙上得策であった。したがって、政友会は新線建設に熱心で、既存線の改良工事に冷淡であった。広軌は最も大いなる改良工事である。ゆえに、政友会は、広軌のために新線建設の資金を減らすことに反対であった。

（『正伝 6』一八〇頁）

当時、政友会の新線建設を、「我田引鉄《がでんいんてつ》」と嘲笑する風があったという。だとすれば、『国難来』で後藤が「我党内閣」と揶揄した際には、この「我田引鉄」を充分に意識し、「我党内閣《わがとう》」を「我党内閣《がとう》」と訓じていたかもしれないのである。

過去数年にわたり、彼らは、多数の名において、中央・地方のあらゆる会議を私物化し、道理と科学を踏みにじって、どれほど傍若無人にふ

るまってきたこととか。　（本書、三三五頁）

この怒りに満ちた政友会批判は、大正七（一九一八）年、寺内内閣の跡を受けた原内閣が、広軌案を廃棄してしまったことだけに限られていない。後藤の構想は、政党を優先する原の構想に比べようもないほどに遠大であり、日本の鉄道行政総体に向けられていた。あの南満洲鉄道を「東西文化融合」の大動脈にしようとする構想を思い出そう。そうすれば、広軌化は欧州に至る大動脈を日本国内と連絡する重大な方便であったことが分かるだろう。シベリア鉄道・満鉄・朝鮮（すでに広軌化されている）の幹線を、船舶で釜山と下関とを連絡し、下の関から東京を経て青森に至る日本の広軌化された幹線と結びつける世界の大動脈が構想されていたのである。この「東西文化融合」の構想に、すでに述べた『東亜英文旅行案内』が大いに役立つことはあきらかであろう。

ところが、この雄大な構想が「東西文化融合」の構想に基づいていることを、理解した人間は、当時ほとんどいなかった。まして近視眼的な現代では理解しようもない構想である。現代の超高速ではあるが、馬鹿高い民衆の懐に配慮しない新幹線の「完成」と、国際感覚の豊かな後藤の構想とは、決して同一視してはならないのである。

最後になるが、国鉄が民営化され、地方の赤字線が廃線となっている現代を見るにつけ、後藤の大胆にして細心な鉄道国有化構想の復興が望まれる。後藤は幹線の広軌化を推進しようとしたが、都市には路面電車、地方のある地域には軽便鉄道を細やかに配備しようとし、赤字路線には幹線の黒字をもって充当しようとした。リニア・モーター化など狂気の沙汰と言うべきだろう。

三　「東西文化融合」構想と自治の哲学

最後に後藤新平の自治の哲学に触れておきたい。後藤の哲学は、『国難来』の第九章から第十六章にまで展開されているけれども、特に第十一章の「天地の造化の直参として、天地を貫く真理を探究する」「物心一如の大乗観」に象徴的に結晶している。このまばゆいばかりの哲学的結晶を解析するには、本書に収録した『普選に備えよ』の決定的な表現、「下学して上達す」の内奥に肉薄しなければならない。

「下学して上達する」——孔子の哲学の発掘

儒教思想の教科書のような『大学』では、大昔の人間の明徳（天から授けられた曇りのない徳性）を明らかにしようとする者は、先ず国を治め、家を斉《ととの》え、身を修め、心を正し、その意を誠にしなければならないと順序を立てて論じているが、最後に、「知を致すは物に格るに在り」と宣言している。この「格物・致知」の解釈を巡って、南宋の朱子と明代の王陽明とに解釈の違いが生じ、これが江戸初期の学者たちを刺激した。

朱子は、天理によって人欲をねじ伏せようと理を重視したので、学者の理知によって物の「理」に「格《いた》る」ことが、知性の本領だと解釈する。

王陽明は、事上練磨と知行合一を重視し、事物に対処する際に常に自己を反省し、心を「格《ただ》す」と格物を訓じ、反省によって天性の「良知」を甦らせようとした。

　朱子も「心を正す」ことを軽んじたわけでなく、王陽明も「理を究める」ことを無視したわけではないが、日本の儒者は両者を極端に受け取る傾向が強かったと見える。林羅山のような朱子学者は、万物の理を究め聖典の解釈を精緻にしようとした挙句に、知識中心主義、あるいは聖人崇拝の徳目道徳主義に走ってしまう。蕃山の師とされている中江藤樹のような陽明学者は、「心を正す」あまり禅宗の悟りにまで達しようとしたのだ。そうした宗教的に一致してしまう両極端に距離を保ち、「格物」を「下学」と結びつけ、天変地異や大迫害に襲われて、災難に苦しむ人々と共に「学ぶ」「下学」を「格物」と解釈したのが熊沢蕃山であった。この点については後述するが、蕃山の主著『集義和書』を生涯の愛読書とした後藤新平が、蕃山から学んだことを歴然と示すものが、以下の「普選に備えよ」の貴重な一句なのである。

われわれのいわゆる自治精神とは、要するに修身の工夫、修養、努力に他ならない。どのようにして身を修めるかといえば、『大学』の正心・誠意・致知・格物の順序を逆転して、下学して上達することなのである。下学するとは、専門化して病的になっている近代科学の真実を究めて天地の物の霊気に格《あた》ることであり、上達するとは、宇宙の大霊と知らず知らずに合致・冥合することなのである。このようにして、霊血一如、佛身一体の三昧境に悟入しようとするものが、私が信奉している自治宗なのである。

（本書、九七頁。ただし、原文をかなり翻案してある）

こうした「下学して上達する」の引用は、明治二十二（一八八九）年、三十二歳の後藤が出版した『国家衛生原理』の「緒論」にも見出せる。だから、後藤のほぼ生涯を貫く哲学が、かの引用に持続してあったことが判明する。

学者よろしく観察・実験して、帰納的［経験的］に尋求し、原理によって演繹的［合理的］に推理究明し、形而下から学んで、形而上に達しようとし、**いわゆる下学して、しかして、上達を図る**ほかないであろう。

（『国家衛生原理』創造出版の復刻版、一九七八年、二頁。強調は引用者）

帰納を重視するイングランドの経験論と、演繹を重視する大陸の合理論とは、対立しているようで両極を揺れ動く。そのようなヨーロッパ近代の哲学を見通したかのように、学問とは形而下の只中に形而上の何物かを探る「下学して上達する」ことだとの物言いは、蕃山譲りの画期的なものだと思われる。恐るべき老成振りではなかろうか。

易［易経］に、形より上《かみ》なるものを道といい、形より下《しも》なるものを器と言えり。この語にて、上下のこころ分明にて候。……道を行い徳をなすは、下学上達なり。

（『集義和書』巻二）

後藤の父・実崇《さねたか》は、多芸多才の武人であった。陸象山を読むほどに宋学に造詣が深く、蕃山の書も読んでいたらしい。幕末の熊本の思想家・横井小楠（一八〇九―一八六九）は、蕃山崇拝者だったが、小楠四天王の一人・安場保和《やすばやすかず》（一八三五―一八九九）が明治新政府の大参事として岩手にやってきて少年・後藤新平の才能を見出した。安場は、後藤が名古屋の医学校の校長にまで出世する道を開いた生涯の大恩人で、後に後藤の岳父にもなる人物である。これまで注目されてこなかったが、後藤は、安場によって小楠が蕃山の『集義和書』を熟読していたことを知らされ、『集義和書』に至りついたのであろう。先の自治論の「下学上達」を「格物致知」と結びつける引用が『集義和書』の巻八に依拠したものであることにも触れておこう。

致知はただ聖人に至るの的《まと》なり。工夫はまったく格物にあり。格物は下学なり。致知は上達なり。道の大意を知る時は、天下いまだ究めざるの理《ことわり》、いまだ知らざるの事に逢いても、心の惑うことなし。

（『集義和書』巻八）

この蕃山の口吻には聖人崇拝の痕跡が見られるが、晩年の『論語小解』では払拭される。そのことを確認するためにも、論語・憲問編に出てくる「下学上達」を参照したい。孔子は、自分より三十も若い弟子、頭脳明晰・弁舌さわやか・金稼ぎのうまい子貢を見透かしたように、「私は分かってもらえていないなあ」と嘆きを装い、鎌をかけるが、弟子はピンと来なくて「先生が分かってもらえないなどありえないでしょう」と返答する。子貢は才人だから「上達」の域に達して他人に評価されているとの自負があり、まして先生なら評価されないわけがない、と思っているのだ。これに対し、孔子はこう語る。

天をも怨みず、人をも咎めず、下学して上達す。我を知るものはそれ天か。
(憲問)

伊藤仁斎の『論語古義』から現代の『広辞苑』の「手近な所から学んで、次第に深遠な学問に進みゆくこと」まで、「下学」を「卑近なこと」「身近なこと」を学ぶこと、上達とは聖人の奥義に達することだと解釈するのが、通例である。しかし、どの解釈にも共通していることは、「天を怨まずにはいられない」「人を咎めないではいられない」ような天地の大異変との関係を考慮していないことだ。ところが、『論語小解』の蕃山は、逆境こそ「下学上達」する絶好のチャンスだというのである。

貧賤の憂いも、あなた方を玉にしようとの天の慈愛に満ちた天命なのであるから、下学上達すべき絶好の機会なのである。どうして怨むことなどあろうか。孔子が為されたことは、すべて天下の衆生［一切の生命］のためである。にもかかわらず、孔子を仇敵と決めつけ、孔子を殺害しようとする者があったのだ。それでも、孔子が咎めなかったのは、その者が孔子のこの思いが分からなかったからである。分からずにやろうとする者を非難しても始まらない。その上、君子の徳を磨くものは小人の道理に反するわがままな横逆であることを覚悟されていたからである。

（『論語小解』増訂・蕃山全集、名著出版、第四分冊、二〇七頁）

凡人なら恨み嘆き、他人のせいにしたくなるような逆境の中でこそ「下学」する孔子、心ある民衆と苦楽を共にする「聖人君子」らしくない孔子を、蕃山は発見した。と同時に、蕃山は、中国最古の（恐らくは漢民族に亡ぼされた黄河一帯の平和な民族）夏王朝の始祖・禹《う》を絶賛し、古代周王朝の最古の農村詩「豳風《ひんぷう》」（『詩経』の最古層の詩）をこよなく愛した孔子を発見したのだ。この発見によって、蕃山は「孔子が儒者でないことは明白なのです」（『集義外書』巻六。秘書とされた『外書』は『和書』の奥の院にあたる蕃山の主著）と断言するに至る。それほど重大な発見であった。

鬼神を祭る禹《う》の治山・治水の大事業

禹《う》は舜帝に位を譲られ、帝位に就く前に、黄河一帯の治山・治水の大事業に功績を挙げた現場主義の実践家だった。その禹《う》を、孔子は「下学して上達した」人物として口を極めて褒め上げる。

子曰く。禹は非のうちどころがない。飲食をうすくして、孝を鬼神に致し、衣服を悪くしてまで礼服を整え、宮室を卑しくして、力を溝洫《こうきょく》［灌漑施設の整備などの治水］に尽す。禹は非のうちどころがない。

（『論語』泰伯編）

蕃山は、孔子のこの絶賛を受けて、主として『書経』に描かれている禹の業績を『和書』ではこう評価している。

禹は、舜帝の勅命を受けて、黄河一帯を襲った大洪水の治水事業に没頭した。結婚して四日しかたっていないのに、東奔西走して八年間家に帰らなかった。冬となく夏となく、各地の河川を渡り歩いて「手足にはヒビあかぎれがあったと伝えられている」。最後には、あふれた水はみな海に切り落とされて、民衆は安心して住居を構え、五穀が実るようになった（『集義和書』巻七）。

以上のように、蕃山は、禹《う》の治水の土木工事完成のための粘り強さを評価するのだが、この大事業の前提として、禹の人材抜擢能力を重視し、さらにその奥に「鬼神」への禹の深い尊崇を見破っている。

そもそも「鬼神」とは何か。「鬼」とは、亡くなった人の霊魂であり、「神」とは、天地の霊妙なる造化の働きではあるが、両者をまとめて「鬼神」とは、相互補完的なもので、陰陽の屈伸、気が屈するのを「鬼」、気が伸びるのを「神」とも言われている。要するに、孔子が絶賛した禹の「孝を鬼神に致す」こととは、「天地の三光〔太陽・月・星辰〕の神気、天下の名山・大川の神気、国に功績を残した聖人・賢人の神聖さ」(『論語小解』)を禹が儀礼を整え、雅楽を奏して厳かに祭ったという事なのだ。このような天地の神気・霊気に感応する「天啓の直参」(後藤の言葉)であればこそ、禹は、多くの人材を抜擢し、各地域のおびただしい民衆を動員できたのである。そのような「直参」は、したがって、日常は粗食・粗衣に徹し、「宮室」は、質素なものであった。

蕃山は、この禹の暮らしぶりから、日本の王室の宮廷文化のあり方にまで想像をめぐらす。『集義和書』巻七では、秦の始皇帝の豪華な宮殿を模倣した奈良の大仏殿や、平安京の京都御所を奢りの産物とし、武力による敵の征服を止めるという本来の意味の「神武」（「神武東征」物語こそ仏教国家による後の歪曲）以前の、天照大御神の「御宮殿は茅葺きであるべき」であり、日本の風土の神気を感応するにふさわしいのは、山を御神体とする三輪社だとまで主張していたのである。

この蕃山の主張に呼応するかのように、日本の各地には今なお、禹を祭る石碑が百以上も残存しているという（竹林征三『物語・日本の治水史』、鹿島出版会、二〇一七年、一四二頁）。ということは、日本には古代中国のある地域との「文化交流」が連綿として続いているということではなかろうか。「文化交流」というと、宗教・芸能・学術が焦点となりがちであるが、天地の神気に感応せざるをえない治山・治水・農耕・漁労・航海術・冶金にこの「文化交流」を見抜く必要があるだろう。殊に、禹の治水事業は、王室の宮廷文化に関わるものであっただけに、禹に学び、日本の風土に馴染む何ものかを咀嚼することこそ「下学」であり、本格的な「文化交流」であったのだ。したがって、孔子を通じて禹から学んだ蕃山の日本王道論（大道論）こそ、国際文化交流の産物であって、いわゆる国粋主義とは無縁のものだったことになる。

蕃山の王道論を継承した後藤の自治論

蕃山は、『源氏物語』には、日本古代の宮廷文化の遺風が濃厚にあり、物語で演奏される雅楽には、唐土《もろこし》にさえ残存しない古代周王朝の雅楽が日本化されながら残存していると指摘する。そして、『源氏物語』が示唆する質素で慎ましい文化を、日本の王道の土台に据えようと考えるに至る。その際、蕃山は、『源氏物語』と古代周王朝の『詩経』とに流れる地下水脈を発掘する。自然を征服し、個人主義によって権利ばかりを主張し、覇道的侵略主義に陥っている欧米の文明に対比して、後藤新平が「皇室を中心とした相互扶助の大家族主義」の文明（鉄道院総裁の後藤がその従業員と共に実践した自治運動のモットーでもある）としたものの内実に、ある鮮明なイメージを与えるために、蕃山の『詩経』の「豳風《ひんぷう》」という農村詩に添えた標語を参照しておきたい。

養蚕の時節には陽を感じてやってくる鶯《うぐいす》に感応し、麻の時節に陰を感じて鳴く百舌《もず》に感応する。こうして、君子は天を手本として、何事も時に先立って手助けするものなのである。（『集義和書』巻十六）

養蚕の作業と絹の機織、麻の下処理と麻織り、これこそ女仕事の典型であるが、高木の桑の葉取りのように男の力をも必要とした。この女と男との協同作業の機微を熟知する人物、「上は天の時に則《のっと》り、下は水土に拠る大道」（『集義外書』巻十）に上達しようとして下学する人こそ「君子」なのである。東アジアでは、こうした君子に対して「小人」を立てる伝統が潜んでいる。この伝統の最古の「君子」の姿に、蕃山も後藤も感動したのである。

「宇宙の大霊と冥合する」という後藤の言葉は、「豳風《ひんぷう》」の詩によって、裏づけられるであろう。宇宙の大霊と冥合するような大事業で発揮されざるをえないのが「君民一体」の相互扶助であった。上に立つ指導者（君）に、大霊に感応することのできない奢りがあっては、民本《たみもと》主義は成り立たない。いや、「小人」たちのファシズムにさえ転換してしまう。欧米の平等主義、個人主義に違和感を覚える後藤の「大家族主義」の主張には、蕃山のいわゆる「君民一体」の王道論が控えていたのである。

そこで、最後に、壮年期の蕃山が、備前岡山藩で行なった堤防造築の実践についての回想を参照し、後藤が行なった大事業（水力発電事業と鉄道広軌化事業）が、まさに従事者たちの自治の精神を助長するものであったことを再考する鏡としたい。

蕃山は、現在でも識者には治山・治水の大偉人とされている。それでも、若い時には無知で、すべて先輩から土木技術を学んだという。その技法が天地に逆らわない見事なものであることは言うまでもないのだが、省略する。強調したいのは、事業に至るまでの調査の周到さなのである。堤防を構築する川沿いの村々を歩いて、その土地の「隠れた賢者」「仁徳のある老人」を発掘して、過去の水勢を知るために談合を繰り返した。この点は、後藤の調査と全く同じである。後藤も実践していることだが、現代のわれわれにとって決定的に重要なことは、蕃山が就労者の地元の農民を「役人」と呼んで、労働を過酷にしないこと、並以上の給料を払って厚遇したことである。しかも、そのように「役人」を厚遇しなければ、数百年経ってもビクともしない堤防は絶対できないと断言しているのだ。そして、決壊し易い安普請の堤防こそ、周囲に洪水の害を及ぼし、再建の膨大な浪費をもたらす「不経済」の源だというのである。就労者を大切にしないことからくる「不経済」こそ、現代日本の「国難」を象徴しているではないか。蕃山は、こう語る。

総じて、役人は、世の常［の請け負い業者］であれば、三万人投入すべきだとされている所には、九万人も十万人も投入すべきである。そうでなければ堤防は堅固になりえない。また、役人には重労働をさせるべきではない。一人、一日に、米で一升五合の給料を支払うことを下限とする。朝は午前八時から始めて、晩は午後四時には仕事を終わらせる。その間、二時間を休憩時間とする。これも仁政の一端なのである。

（『大学或問』第五項）

農民は、農繁期でなくとも、早朝には野良仕事があり、夜は縄ないなどの夜なべ仕事がある。そのことを熟知して実働六時間、重労働をさせずにしかも長めの休憩時間をさえ用意しているのだ。このように、人情の機微に通じる者こそ「君子」であろう。また、当時、一日の宿泊費が一升だったというから、一日の給料が一升五合というのはかなり高めであることが分かる。この配慮は、元禄になって民の間にも「奢り」が広がっていることを、見越したものであろう。かなりの高給で元気づけられた農民は、蕃山を筆頭とするリーダーたちの天地に学ぶ知恵に素直に従い、無意識のうちに感化されたであろう。そうした機会を提供するこの事業は、民をして、いつの間にか「宇宙の大霊と冥合」し、「奢り」を忘れ、自治の精神に目覚めるようにしたのではなかろうか。

蕃山の実践から、「物心一如の大乗観」「あくまで造化の直参として、天地を貫く真理を探究すること」(本書、六一頁)という後藤の言葉が、「自治の精神」を語っていることが、分かる。であれば、現代では右翼の国粋主義の表現にもとられかねない「国体の精華を確認せよ」という後藤の言葉も、「自治の精神」に貫かれていることが分かるであろう。この「自治の精神」を育む大道が、孔子の道であり、蕃山の王道であり、後藤の「日本新王道論」は、その展開であったのだ。

「東西文化融合」の理念を掲げた「自治の精神」によって、日本の国民が、世界から尊敬されるようになることを、後藤は念じていたに違いない。経済的に優位に立ったり、軍事的に強くなることほど「国難」の誘引となることだろう。世界から尊敬されることこそ、「国難」を免れる王道だと、『国難来』は暗示しているのである。

後藤のいわゆる「皇室を中心とする一大家族主義の文明」とは、質素で慎ましく「柔らか」ではあるが、養蚕で発揮されるような「繊細で忍耐強い」謙《へりくだ》る文明である。こういう謙虚な文明であれば、移民を排除するような横柄な大国と対比され、尊敬されるに違いない。

■後藤新平（ごとう・しんぺい／一八五七―一九二九）

一八五七年、水沢（現岩手県奥州市）の武家に生まれ、藩校をへて福島の須賀川医学校卒。一八八〇年（明一三）、弱冠二十三歳で愛知病院長兼愛知医学校長に。板垣退助の岐阜遭難事件に駆けつけ名を馳せる。八三年内務省衛生局に。九〇年春ドイツ留学。帰国後衛生局長。相馬事件に連座し衛生局を辞す。日清戦争帰還兵の検疫に手腕を発揮し、衛生局長に復す。九八年、児玉源太郎総督の下、台湾民政局長（後に民政長官）に。台湾近代化に努める。一九〇六年九月、初代満鉄総裁に就任、満鉄調査部を作り満洲経営の基礎を築く。〇八年夏より第二次・第三次桂太郎内閣の逓相。その後鉄道院総裁・拓殖局副総裁を兼ねた。一六年秋、寺内内閣の内相、一八年春外相に。二〇年暮東京市長となり、腐敗した市政の刷新、市民による自治の推進、東京の近代化を図る「八億円計画」を提唱。二二年秋アメリカの歴史家ビーアドを招く。二三年春、ソ連極東代表のヨッフェを私的に招き、日ソ国交回復に尽力する。二三年の関東大震災直後、第二次山本権兵衛内閣の内相兼帝都復興院総裁となり、再びビーアドを緊急招聘、大規模な復興計画を立案。政界引退後は、東京放送局（現ＮＨＫ）初代総裁、少年団（ボーイスカウト）総長を歴任、「政治の倫理化」を訴え、全国を遊説した。一九二九年遊説途上、京都で死去。

世界の出来事
1 [中]広東で国民党2全大会、汪兆銘、蒋介石らが実験を握る。[英]テレビジョン送受信の公開実験に成功
3 [中]北京で反軍閥デモ。[米]ロバート・ゴダードが最初の液体燃料ロケットを発射
4 [独][露]独ソ友好中立条約（ベルリン条約）調印
5 [英]炭鉱ストライキ。五月革命
6 ブラジルが国際連盟を脱退
7 [中]蒋介石が国民革命軍総司令に就任。北伐が始まる
9 [独]国際連盟に加入、常任理事国となる
10 [英]英帝国会議開催
11 [中]国民政府が武漢遷都を決定。[米]NBC がラジオ・ネットワーク放送開始
12 [中]張作霖が天津で安国軍総司令に就任

年	後藤新平の動き	日本の出来事
1926（大15／昭和元）69歳	1「内憂外患の諸相を直視せよ」。『公民読本』三巻を刊行 2 第一回目の脳溢血 3 入江達吉、森孝三、ゾルフらとともに日独協会の復興を図る 4 政治の倫理化運動を開始 5 上野を発して東北、北海道遊説の旅に出る 6 大阪、名古屋、信越地方遊説の旅に出る 7 東北遊説に赴く 8 唐沢山夏期大学で講演。社団法人日本放送協会設立 9 京都、山陰、九州へ遊説の旅に出る 10 日独協会再生、会頭に就任 11 政友会と政友本党の提携を斡旋 12 田中（政友会）と床次（政友本党）を会見させ、提携成る	1 北京で日露条約成立。加藤高明首相死去 2 建国会赤尾敏ら第一回建国祭。福本和夫が山川均の方向転換論を批判 6 福本和夫が個人雑誌『マルキシズムの旗の下に』創刊 7 シュペングラー『西洋の没落』邦訳刊行 8 同潤会が向島に中之郷アパートを完成 9 廃娼運動に反対する全国貸座敷業連合が郭清会・矯風会を威嚇 12 大正天皇崩御

世界の出来事
1 [中]国民党全国代表大会で連ソ・容共・扶助工農を採択。[露]レーニン死す、[英]マクドナルド内閣成立（初の労働党内閣） 2 [英][伊]ソビエト政権を承認 3 トルコ共和国でカリフ制が廃止 4 [伊]総選挙でファシスト党が勝利、[米]**排日移民法（ジョンソン=リード法）可決** 5 パリオリンピック開幕 6 [露]モスクワで第5回コミンテルン世界大会開催 7 [米]**排日移民法（ジョンソン=リード法）施行** 8 [独]賠償問題に関するドーズ案成立 9 [中]孫文が第二次北伐開始を宣言 10 イブン=サウード、メッカを占領。[仏]ソビエト政権を承認 11 [中]奉直戦争で張作霖が直隷派を破る。[蒙]モンゴル人民共和国成立 12 [中]孫文が天津で張作霖と会見
1 [露]最高人民委員トロツキーを解任。[伊]ベニート・ムッソリーニが独裁宣言 2 [中]上海の日本資本による内外綿会社で3万人のストライキ。[英]ツタンカーメンの王墓を発見。[独]国家社会主義ドイツ労働者党（ナチ党）再建 3 [中]孫文が北京で病死 4 [中]青島の日系紡績工場でストライキ。[独]大統領選挙で民主戦線が分裂。ヒンデンブルクが当選。[英]金本位制に復帰 5 [中]劉少奇らの指導で中華全国総工会設立。[露]トロツキー、ジノビエフがネップに反対 7 [中]広東政府が中華民国国民政府に改組。[米]公立学校で生物進化論を教えたスコープスが有罪判決 8 [米]クー・クラックス・クラン第1回全国大会を開催 10 [中]故宮博物院の開設 11 [露]共産党中央委員会がトロツキーとジノビエフを政治局から追放。[独]ナチス親衛隊設立 12 [露]第14回共産党大会。ロカルノ条約調印

年	後藤新平の動き	日本の出来事
1924 (大13) 67歳	1 内務大臣ならびに復興院総裁を免ぜられる、下野 2 盛岡市で「政治闘争の倫理化」を講演 3 **東北帝大で「国難来」を講演** 4 家庭電気普及会会長に就任 6 パンフレット「時局に関し訪者の質疑に答う」を刊行 9 上野自治会館で「自治精神」を講演。ポール・クローデルを自邸に招待 10 社団法人東京放送局初代総裁に就任 11 上野池之端無線電話普及展覧会で初の放送演説	1 清浦奎吾内閣成立 3 日本共産党が解党を決議。日仏会館設立 5 北京で吉沢・カラハン日ソ交渉始まる 6 清浦内閣総辞職、加藤高明内閣成立 7 駐米特命全権大使埴原正直、政府の命により帰国 8 復興局に疑獄事件 9 外務省が中国内政への不干渉と満蒙の利権擁護を発表 11 孫文が神戸市で大アジア主義講演
1925 (大14) 68歳	3 姉初勢没す(享年80)。満鮮巡遊の旅に出る 4 奉天で張作霖と会見。早稲田大学で「普選と明日の政治」を講演 5 加藤高明首相と極東開発企業について談合 7 加藤首相に極東拓殖会社創立を意見。新築の愛宕山放送局でラジオ放送を開始、挨拶を放送 8 少年団連盟のため、北陸、中国、四国、九州方面へ講演旅行 10 東京市政会館と公会堂の建築基礎工事に着手 11 東京放送局で最近のわが国の少年団について放送演説 12 自邸でモット博士を正賓として晩餐会を開催	1 日ソ基本条約に調印(国交回復)。佐野学ら上海で1月テーゼを作成、日本共産党再組織を決定 3 東京放送局が試験放送。普選案上程可決。治安維持法議会を通過 4 高橋是清政友会総裁を引退 5 **衆議院議員選挙法改正公布(男子普通選挙権)** 6 中国の5・30事件に対応して陸戦隊を上陸させる 7 東京帝大安田講堂竣工式 8 第二次加藤内閣成立 9 帝国議事堂が全焼 10 第一回簡易国勢調査 12 ソ連と北樺太石油石炭利権協定に調印

世界の出来事
1 [中]香港の中国人海員、大ストライキ 2 [英]エジプト王国がイギリスから独立宣言 4 [露]ヨシフ・スターリンがロシア共産党書記長に選出。[独][露]ラパロ条約調印（ドイツ・ソビエト政府国交回復） 5 [中]張作霖が東三省の独立を宣言。ジェノア会議 8 [中]中国共産党が杭州会議で国民党との連合を決議 9 [日][露]長春会議決裂。ハンガリーが国際連盟に加盟 10 [伊]ファシスト党、ローマ進軍。ムッソリーニが首相に就任 11 トルコ革命、スルタン制廃止を宣言。[露]第4回コミンテルン大会。チリでマグニチュード8.5の大地震。[英]イギリス放送会社がラジオ放送を開始 12 [露]ソビエト社会主義共和国連邦設立宣言
1 [中]**孫文がソ連代表のヨッフェと会談**。フランスとベルギーがドイツの賠償不払いを口実にルール地方を占領 2 [中]孫文が再び広東で大元帥大本営を組織（第三次広東政府） 6 [中]広州で中共三全大会で国共合作などを決定。[伊]エトナ火山噴火。[独]マルク紙幣が大暴落 7 連合国と旧オスマン帝国、ムスタファ・ケマル・アタトゥルクが率いるトルコ共和国との間でローザンヌ講和条約締結、これによりトルコ共和国の国境が確定。[米]ハリウッドサインが設置される 8 [米]ハーディングの死で、副大統領クーリッジが第30代大統領。[独]シュトレーゼマン連立内閣成立。[伊]ギリシアのケルキラ島を占拠（コルフ島事件） 9 [西]プリモ・デ・リベラ軍事政権が成立。[米]ホンダポイント遭難事件 10 [米]ウォルト・ディズニー・カンパニー創立。[独]マルク暴落に対して暫定通貨レンテンマルクの発行を決定 11 [独]ミュンヘン一揆 12 ネパールがイギリスから独立。[墺]フロイト『自我とエス』。[独]ルカーチ『歴史と階級意識』

年	後藤新平の動き	日本の出来事
1922 （大11） 65歳	1 安田家より東京市に350万円の寄付の申し出 3『江戸の自治制』発行 4 東京市政調査会会長に就任 5 YMCAのジョン・モット等を招いて園遊会を開催 6 東京連合少年団団長に就任。孫鶴見俊輔誕生 9 東京市政調査会顧問**ビーアド博士夫妻来朝**、新平は子爵になる 11 加藤友三郎首相と日露復交についての黙契成立	1 大隈重信死去、国民葬 2 山県有朋死去 3 京都で水平社宣言 4 英皇太子来日 6 高橋内閣総辞職（閣内不統一）加藤友三郎内閣成立 7 日本共産党結成（堺利彦・山川均ら） 8 日本経済連盟会設立（井上準之助・団琢磨ら） 10 シベリア出兵、樺太北部を除いて日本軍が撤兵を完了 11 アインシュタイン来日 12 青島派遣軍撤兵完了
1923 （大12） 66歳	1 ヨッフェに来日を促す電報を打電 2 **ヨッフェ来日**、母利恵死去、享年99、自宅に2度暴漢侵入 3 ヨッフェより日ソ復交に関する書簡、ビーアドより意見書 4 東京市長辞職 5 日ソ漁業条約調印 6 ビーアド帰国、加藤首相より日ソ交渉開始覚書が手交される 8 ヨッフェ帰国 9 **内務大臣及び帝都復興院総裁に就任。復興事業に奔走** 10 **ビーアド夫妻再来日**、「大乗政治論」を口述 11 復興院参与会に13億円と10億円の復興案を提出 12 復興案は度々の修正を受け漸く議会を通過	2 各地で普選即行デモ多発 4 日本共産青年同盟設立。『エコノミスト』『赤旗』創刊 5 北一輝『国家改造案原理大綱』刊行 6 川上俊彦とヨッフェの日ソ予備会談始まる 8 加藤友三郎の病没により加藤内閣総辞職 9 **関東大震災勃発、山本権兵衛内閣成立**。大杉栄、伊藤野枝らが憲兵大尉甘粕正彦に殺害される 11 国民精神作興の詔書 12 虎ノ門事件（皇太子裕仁親王殺害未遂のテロ事件）発生により山本権兵衛内閣総辞職

世界の出来事
1 **国際連盟成立、ヴェルサイユ条約発効**。[米]司法長官パーマーが、赤狩りを始める
3 [露]尼港事件に至るニコライエフスクでの交戦発生。[独]ベルリンでカップ一揆。[米]上院がヴェルサイユ条約の批准を否決
4 [露]ポーランド・ソビエト戦争。[露]極東共和国成立。アントワープオリンピック開会。[米]ウラジオストックからの撤兵完了
5 インドネシア共産党成立。臨時政府樹立。[露]パルチザンによりニコライエフスクで虐殺発生(尼港事件)
6 [中]孫文、唐紹儀らが上海に軍政府組織。[独]マックス・ウェーバー死去(スペインかぜによる)
7 [中]北洋軍閥同士の戦争が起こる(安直戦争)。[英]イギリス共産党創立大会。[墺]フロイト『快感原則の彼岸』
8 スルタン政府が講和条約に調印。[米]合衆国憲法修正第19条が発効し女性参政権成立
9 [露]バクーで東方諸民族大会開幕。[米]ウォール街でイタリアの無政府主義者による爆弾テロ
10 [露]赤軍の勝利により、ロシア内戦が終結
11 ジュネーヴで国際連盟の第1回総会開催。[米]**カリフォルニア州議会で排日土地法が可決**
12 [仏]フランス共産党結成。[米]**カリフォルニア州で排日土地法施行**
3 [蒙]モンゴル人民党がキャフタで臨時人民政府樹立。[露]クロンシュタットの反乱、ネップ(新経済政策)施行。[露]リガ条約締結。[米]ハーディング大統領就任
4 [中]広東新政府が成立し、孫文が非常大統領に就任。[英][米][仏][伊][日]ロンドンで連合国最高会議開催
6 [露]モスクワで第3回コミンテルン世界大会開催
7 [中]上海で中国共産党の創立大会が開催。[西]第3次リーフ戦争
11 [伊]ローマでファシスト党全国大会開催。ワシントン会議開催(〜1922年)
12 イラク王国、ヨルダン王国成立。[露]クロポトキン死去

年	後藤新平の動き	日本の出来事
1920 （大9） 63歳	1 ウィリアムズ著『英国の改造と貿易』を訳述出版 **2 日露協会会頭に就任** **3『大調査機関と国家の二大急要問題』起草印刷** 5『大調査機関設置の議』を印刷発表 6 大調査機関案につき、原首相、横田法制局長官と協議 7 軽井沢で夏期大学を開校 8 大調査機関案頓挫 9 麻布桜田町新邸に引越。ハルビンで日露協会学校設立 **12 東京市長就任、初登庁。『自治生活の新精神』を刊行**	1 大日本帝国、国際連盟へ加盟 2 東京で普通選挙大示威行進、第1回箱根駅伝開催 3 株価が大暴落し、戦後恐慌発生 5 日本最初のメーデー開催。新渡戸稲造、国際連盟事務局次長に就任する 10 初の国勢調査実施（内地5596万3053人、外地2102万5326人） 11 明治神宮鎮守祭。東京市道路工事に疑獄事件。東京市長田尻稲次郎、大疑獄事件の責任を負って辞職。八八艦隊計画の第一号艦、戦艦「長門」竣工 12 大杉栄・堺利彦ら日本社会主義同盟結成
1921 （大10） 64歳	1 市長俸給全額を市に寄付 3 ニューヨーク市政調査会の大要を印刷して有志に配布 4 8億円計画を市参事会に提出、無党派連名の大要を発表する 6 警視庁防疫評議員となる 9 皇太子帰朝を迎える 12 青山会館建設実行委員に名を連ねる	2 大本教幹部が一斉検挙 3 皇太子裕仁親王が欧州訪問に出発（～9月） 4 国有財産法、借地法、借家法、メートル法、軌道法公布 7 極東共和国と大連で国交回復を交渉（～1922年4月） 11 原敬首相が東京駅で刺殺される、高橋是清内閣成立 12 日英同盟が破棄される

世界の出来事
1 フィンランド内戦勃発 2 リトアニア、エストニアがロシア帝国からの独立を宣言。[英]選挙法改正（30歳以上の女性に参政権） 3 [独][墺][露]ブレスト＝リトフスク条約調印。[英][仏]対ソ干渉戦争。[米]スペインかぜ、米国で最初の流行（第一波） 4 [英]空軍創設（陸軍航空隊と海軍航空隊を再編） 5 [中]広東軍政府改革で孫文が大元帥を辞任。[露]内戦。スペインかぜ流行（第一波、アメリカから飛び火） 6 [露]ソビエト政権が戦時共産主義を採用 7 [露]ニコライ2世とその家族が銃殺される。[独][英][仏]第二次マルヌ会戦（ドイツ軍最後の攻勢〜8月） 8 [米]シベリア出兵 9 スペインかぜ流行（第二波、世界的流行） 10 [中]徐世昌が大統領に就任、チェコスロバキアが独立を宣言 11 [独]**ドイツ革命。第一次世界大戦終結** 12 セルビア・クロアチア・スロベニア王国成立
1 **パリ講和会議開催**。[独]ドイツ共産党成立 3 朝鮮各地で三・一独立運動。[露]コミンテルン（第3インターナショナル）創立。第三波スペインかぜが世界的流行 4 [印]マハトマ・ガンディーが非暴力・不服従運動を開始、ハンガリー・ルーマニア戦争勃発 5 [中]**五・四運動**。[米]カーチス NC4飛行艇初の大西洋横断飛行成功 6 ヴェルサイユ条約調印 7 [米]金本位制に復帰 8 アフガニスタンがイギリスから独立 10 [中]孫文らが中華革命党を中国国民党に改称。[米]ボルステッド法（禁酒法）制定 11 [中]キャフタ協定を破棄。[露]赤軍がコルチャーク軍をイルクーツクへ撃退

年	後藤新平の動き	日本の出来事
1918 (大7) 61歳	1 **「世界的に創立せられし政治的研究所」を『新日本』に発表、日本王道論を展開する。** 2 原敬と国防、税制整理について意見交換し覚書を認める 4 和子夫人永眠、外務大臣に就任 5 地方長官訓示に際し、外務省出入り記者団と衝突 6 孫、鶴見和子誕生 7 宮中元老会議に出席、シベリア出兵問題につき協議 8 寺内内閣シベリア出兵を決定。米騒動の鎮撫方針を首相官邸で協議 9 依願免外務大臣 10 臨時外交調査委員会委員仰付。特に国務大臣の礼遇を賜る	1 英政府が珍田駐英大使にウラジオストク共同出兵を提案 3 水平社宣言 4 日英両軍が居留民保護を理由としてウラジオストクに上陸 5 日中陸軍共同防敵軍事協定調印 6 英政府がシベリア出兵を要請 7 アメリカがシベリアへの日米共同出兵を日本政府に提案。**富山県で米騒動が始まる** 8 英米仏軍と共にシベリア出兵を宣言。**米騒動が全国各地に飛び火** 9 寺内内閣総辞職、西園寺に組閣命令(辞退)、原内閣成立 12 大学令公布
1919 (大8) 62歳	2 **ハルビン日露協会創立委員長、拓殖大学第三代学長就任** 3 欧米視察の途に出発、サンフランシスコに上陸 4 植物学者バーバンクと会談 5 フォード、エジソンらと会談 6 欧州への船中で赤痢発病、ロンドン到着 7 西園寺以下全権団を訪問、西部戦線戦跡に赴く 9 **ロンドンから再び米国へ、船中でフーヴァーと会談** 10 タフト訪問、帰国の途に就く 11 大調査機関に関するメモを起草、帰朝	1 パルチザンによる遊撃戦に苦戦(シベリア出兵) 2 哲学者ジョン・デューイ来日 3 シベリア出兵でイワノフカ事件 4 関東軍司令部条例公布(関東軍設置) 5 赤道以北の南太平洋の旧ドイツ領の日本委任統治決定 6 この頃スペインかぜ日本でも大流行 8 国家主義団体猶存社結成 11 寺内正毅死去

世界の出来事
1 [独]飛行船ツェッペリンがパリを初空爆 2 [独][仏]ヴェルダンの戦い（～12月） 3 [中]袁世凱が帝政を取り消し中華帝国崩壊 4 アイルランドでイースター蜂起 5 [英][仏][露]サイクス・ピコ協定。[英][独]ユトランド沖海戦。[米]海兵隊がドミニカ共和国に侵攻 6 [中]袁世凱死去。[露]ブルシーロフ攻勢 7 [独][仏][英]ソンムの戦い(第一次世界大戦における最大の会戦)始まる(～11月)。[米]ボーイング社創業（ワシントン州シアトル） 8 [米]フィリピンに関するジョーンズ法制定 11 [露]レーニン『帝国主議論』。[米]大統領選挙でウッドロウ・ウィルソンが再選 12 [印]国民会議派と回教徒連盟が統一行動を決議
1 [独]無制限潜水艦作戦の開始を発表 2 [米]ドイツと国交断絶 3 [露]二月革命（三月革命）勃発 4 [露]帰国した レーニンが四月テーゼを発表。[米]ドイツに対して宣戦布告 7 [中]清の元皇帝愛新覚羅溥儀が復辟を宣言（張勲復辟）。[露]臨時政府首班にケレンスキーが就任。[英]ロレンスが率いるアラブの対オスマン帝国反乱軍がアカバを奪取 8 [中]ドイツに宣戦布告 9 [中]孫文が広東軍政府を樹立。[露]帝政派のラーヴル・コルニーロフが反乱 11 [露]**ボリシェビキが武装蜂起、ロシア十月革命（十一月革命）**。[英]バルフォア宣言。[英][独]カンブレーの戦いはじまる 12 フィンランドがロシアから独立を宣言

年	後藤新平の動き	日本の出来事
1916 (大5) 59歳	2 **『日本膨張論』を出版** 4 台湾施政20周年記念博覧会発会式に出席 6 東京鉄道病院開院式に臨み祝辞 8 大隈内閣居すわりについて山県に書簡。**通俗大学**講演会のために長野地方を巡回 10 内務大臣兼鉄道院総裁となる 11「東亜経済同盟の建設」を提唱 12 鉄道院技監、局長らと**広軌改築案**について意見交換	1 ロシア皇帝名代ゲオルギー来日。大隈首相、元老山県に貴族院との調停を依頼 6 加藤高明・原敬・犬養毅ら党首が会談し、元老排斥・政党政治確立を誓約 7 第4回日露協約 9 河上肇『貧乏物語』大阪朝日に連載開始（〜12月） 10 大隈内閣総辞職、寺内内閣成立 11 裕仁親王の立太子礼 12 夏目漱石、大山巌死去
1917 (大6) 60歳	1 財団法人通俗大学会設立 2 急性肺炎、熱海で転地療養。地方長官会議で訓示、憲政党を「不自然なる多数党」と称し、選挙を統制する内務大臣の発言として問題となる 3 東北、北海道の選挙視察 4 関西、選挙視察 6 臨時外交調査委員会設置、委員となる 7「大正7年度財政計画ニ対スル私見」を首相に提出 10 **都市研究会発足、会長に就任** 12 内相官邸で監察官の報告会を開催	1 英国、日本軍艦の地中海派遣を要請 2 寺内内閣が日本艦隊の欧州派遣を閣議決定 4 ロシアの臨時政府を承認 6 臨時外交調査会をおく 7 閣議で中国段祺瑞内閣を財政援助し、南方派は援助しないと決定 9 金・地金輸出取締令が出され、金本位制が停止 10 三菱造船設立

世界の出来事
6 [墺]**皇太子がサラエボで暗殺される** 7 [中]孫文らが東京で中華革命党を結成。[墺]**のセルビアへの宣戦布告で第一次世界大戦開始** 8 [露]第一次世界大戦に参戦。[独][露]タンネンベルクの戦い始まる。[独][英][仏]が第一次世界大戦に参戦。[米]局外中立を宣言。パナマ運河開通 9 [英][仏][露]ロンドンで単独不講和を宣言。[独][仏]マルヌの戦い 11 オスマン帝国が同盟国側で参戦。[英]日本艦隊のダーダネルス海峡への派遣を要請（日本は拒絶） 12 [英]エジプトを正式に保護国化。第一次世界大戦でクリスマス休戦
2 [独]U ボートによる無制限潜水艦戦を宣言。[米]『國民の創生』公開（監督：D・W・グリフィス） 3 [英]連合軍のダーダネルス海峡進攻作戦が失敗 4 [独]イーペルの戦いで、ドイツ軍が毒ガス使用 5 [中]**袁世凱政権が日本の対華21カ条要求を受諾**。[英]客船ルシタニアがUボートの攻撃を受けて沈没 6 [露][中][蒙]キャフタ協定に調印 7 [英]フサイン・マクマホン協定。[米]ハイチを占領 10 ブルガリアが同盟国側で参戦 12 [中]袁世凱が中華帝国の皇帝を宣言

年	後藤新平の動き	日本の出来事
1914 (大正3) 57歳	3 無線電信に関する功により金杯を一組賜る **6 山県有朋を訪問、東洋銀行設立の要を説く。幸倶楽部で講演、「日支共立東洋銀行を設立。大アジア主義をもって東洋平和の枢軸を握る」ことを提唱** 7 箱根で東洋銀行設立計画草案を脱稿 8 東亜共同経済機関設置案を発表 9 築地精養軒で満洲会発会式、会長に推される 12 学術講演費として帝大に匿名で三千円を寄付	1 桜島大噴火、この噴火で大隅半島と地続きに 2 内閣弾劾国民大会開催（日比谷公園）国会議事堂を包囲 3 シーメンス事件で山本内閣総辞職 4 昭憲皇太后崩御、第二次大隈内閣成立 8 イギリスより参戦交渉、御前会議、ドイツに宣戦布告 9 日本軍ドイツ租借地の山東省に上陸 11 日本軍が青島を占領 12 東京駅開業
1915 (大4) 58歳	2 政権運営のために外政を弄ぶ大隈首相を批判 **3 対華21カ条要求を大隈内閣の失敗として強く批判** 6 貴族院で対中外交問題をめぐって大隈首相と論戦 7 内閣攻撃の舌鋒が先鋭化 9 中村是公らと満鮮巡遊の途につく 10 京城、旅順等を巡遊し帰国 11 京都紫宸殿で大正天皇即位の大典に出席	**1 大隈内閣が中華民国の袁世凱政権に対華21カ条の要求をなす** 3 第12回総選挙 6 大浦内相の政友会議員買収事件 7 大浦内相辞職 8 大隈内閣改造して留任 9 井上馨死去 11 地中海で靖国丸等撃沈さる、京都紫宸殿で大正天皇即位礼

世界比較史年表

（1914–1926）

［凡例］

［米］アメリカ合衆国、［英］＝イギリス、［独］＝ドイツ、［仏］＝フランス、［伊］＝イタリア、［露］＝ロシア・ソビエト、［墺］＝オーストリア・ハンガリー帝国、［蘭］＝オランダ、［西］＝スペイン、［葡］＝ポルトガル、［中］＝中国、中華民国、［印］＝インド、［蒙］モンゴル、［日］＝日本、その他は国名標記

参考文献：『近代日本総合年表　第三版』（岩波書店、1991年）、御厨貴編『後藤新平大全』（藤原書店、2007年）、亀井高孝・三上次男『世界史年表・地図』（吉川弘文館、2018年）

編者紹介

鈴木一策（すずき・いっさく）
1946年、宮城県仙台市に生まれる。一橋大学大学院社会学研究科博士課程修了。哲学、宗教思想専攻。國學院大學、中央大学などで講師を務めた。著書に『マルクスとハムレット』（藤原書店、2014年）、訳書に、ピエール・マシュレ『ヘーゲルかスピノザか』（新評論、1986年）、スラヴォイ・ジジェク『為すところを知らざればなり』（みすず書房、1996年）などがある。2000年から学芸総合誌・季刊『環――歴史・環境・文明』の編集委員（～2015年）。2005年から後藤新平研究会の主要メンバーとして参加。『後藤新平の会会報』に「熊沢蕃山と後藤新平」を2016年から連載。近刊として『後藤新平と5人の実業家』（藤原書店、2019年）に共同執筆。石牟礼道子『完本　春の城』（藤原書店、2017年）解説を執筆。

国《こく》難来《なんきたる》

2019年9月1日　初版第1刷発行 ©

著　者　後　藤　新　平

発行者　藤　原　良　雄

発行所　株式会社　藤　原　書　店

〒162-0041　東京都新宿区早稲田鶴巻町523
電　話　03（5272）0301
FAX　03（5272）0450
振　替　00160 - 4 - 17013
info@fujiwara-shoten.co.jp

印刷・製本　中央精版印刷

落丁本・乱丁本はお取替えいたします
定価はカバーに表示してあります

Printed in Japan
ISBN978-4-86578-239-4